1日10秒手を見るだけ

# 神様とつながる手相

占術家
相原康人

エムディエヌコーポレーション

# はじめに

『聖書』に、〝手の秘密〟について記された、次の一節があります。

「神は人の手に、印章《しるし》を刻んだ
それはすべての人に、彼らの使命を知らしめるためである」（ヨブ記　37章7節）

わたしの師・北極老人は、少年時代にこの一節を読み、直覚したそうです。

これは〝手相〟のことに違いないと。

手相は、赤ん坊のときからすでに、手のひらに刻まれた不思議な紋様。それは神様が、あなたの〝職分〟つまり「何のために生まれてきたのか？」「人生で果たすべきことは何か？」を教えるために刻印したものだということです。手相が、一人ひとり違うように、あなたには、あなたにしかない〝神様から与えられた役目〟があるのです。

その言葉に感動をおぼえた北極少年は、ダッシュで近くの書店へ。そこで一冊の占い雑誌を手に取ります。巻頭の「手相特集」を数ページ、パラパラと読んだだけですぐにコツが掴めて、なんとなく手相が見れるようになったそうです。

これは驚いた！　試しに学校の全生徒に「なぁ、手のひら見せて」と声をかけ、かたっぱしから手相を見ていきました。すると……

恋愛（どうしたら、もっとモテるか？）

受験（どうしたら、合格できるか？）

仕事（どうしたら、いい職場や仲間に巡り合えるか？）

健康（どうしたら、心身ともに健康でいられるか？）

など、あらゆる相談に乗ることができるようになったとか。その人の性格や、（このままいけば）未来に起こることも、一目でわかるようになったのです。


「数ページ、パラパラと読んだだけで……」って、そんなバカな、と思われるかもしれません。

けれど実は、ここに手相を学ぶうえでの重要な秘密が隠されています。

手相を見るために大切なことは、たくさんの知識を、頭に詰め込むことではありません。むしろ〝知識オタク〟になって、頭でっかちになるほど、見えなくなる世界もあるのです。それに世の中の占い情報は、「〇〇線があればラッキー」だの「こういう手相は不運になる」だの、知れば知るほど、不安を煽《あお》るものばかり。占いは、幸せになるためにあるはずなのに、それでは本末転倒でしょう。

頭で考えるのではなく、身体で感じる。それが手相との、正しい付き合い方なのです。

北極少年が、知識を詰め込む代わりに、何年も、ずっと続けていた習慣がありました。

それは毎日、欠かさず〝自分の手を見ること〟です。

手相というものが、神様が何らかのメッセージを伝えるために、刻印されたものだとしたら、人は手のひらを通して、何をすべきか？

手を鏡にして、本当の自分自身を見つめること。つまり〝自己との対話〟なのです。

手のひらは漢字で「掌」とも書きます。この字の上の「尚」は「神に乞い願う」の意味を持ち、真ん中には「口」がある。手のひらは、何かを語っている、ということです。自己対話とは、その手が語る、内なる神様の声を聞くことです。

今日からぜひ、あなたも〝毎日、手と対話する〟という習慣を始めてみてください。

これこそが、手相をマスターし、人生に役立てる一番の近道です。

そしてどうか、自分の手を、好きになってください。


手と仲良くなれたら、自分の手が、かけがえのない人生のパートナーになります。

つらいとき、手が勇気を与えてくれます。

悲しいとき、手が微笑《ほほえ》みかけてくれます。

困ったとき、手が答えを教えてくれます。

嬉しいとき、手が一緒に喜んでくれます。

そのうち、手を見るだけで、ありがたいなぁ……という気持ちが湧き上がるようになります。たったそれだけで、あなたの運は良くなり、新しい可能性が開けていくのです。

では今から、手のひらに秘められた深遠な世界へ、あなたをお連れしましょう。

本書が、あなたが内なる神と出会うための、一助となることを願っています。

北極流占い師　相原康人

# 開運するスゴい仕組み

STEP1

「御《み》鏡《かがみ》御拝《ぎょはい》の法」は、手を通して自分と対話をする方法です。御鏡御拝の法では、「線」ではなく、「丘」（手のひらの盛り上がっているところ）に注目します。丘は太陽系の各惑星とつながっており、それぞれのテーマがあります。テーマを意識しながら徳を積むことで、開運へとつながっていくのです。

## 1.お祈りする

神様に向けて、「手を通して、今の自分に必要なメッセージをお与えください」と1分ほどお祈りします。

## 2.10秒手を見る

両手を開いて手を見つめます。特に、パッと目に飛び込んできた丘に注目しましょう。その丘が、神様からのメッセージだと受け取ります。

## 3.丘のテーマを意識して一日過ごす

丘には、それぞれのテーマ（徳積みポイント）があります。日常でテーマを意識して過ごすことで、手のひらがあなたを開運に導いてくれます。

御鏡御拝の法で自分の手を見て開運メッセージを受け取りましょう。

御鏡御拝の法について
くわしくはコチラ

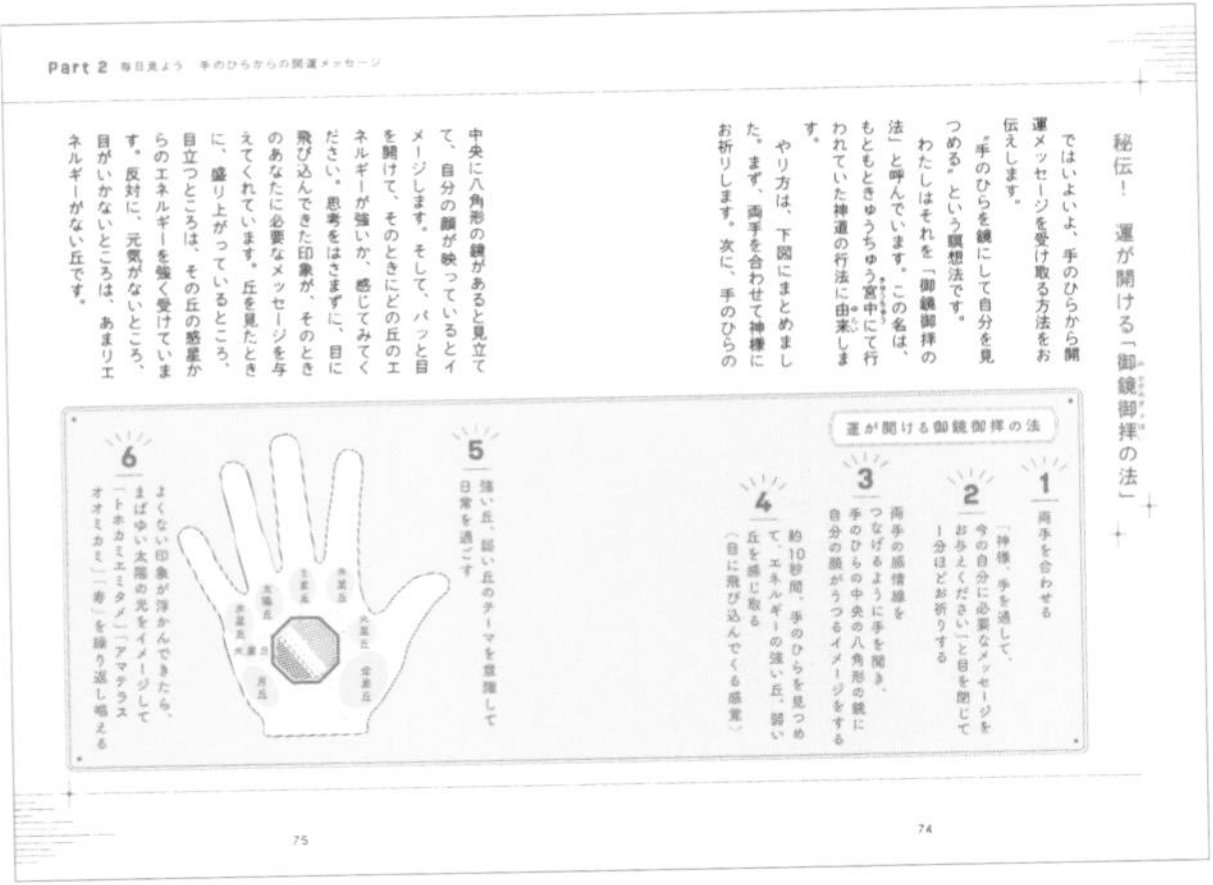

Part 2 毎日見よう 手のひらからの開運メッセージ

秘伝！ 運が開ける「御鏡御拝の法」

ではいよいよ、手のひらから開運メッセージを受け取る方法をお伝えします。

"手のひらを鏡にして自分を見つめる"という瞑想法です。

わたしはそれを「御鏡御拝の法」と呼んでいます。この名は、もともときゅうちゅう宮中にて行われていた神道の行法に由来します。

やり方は、下図にまとめました。まず、両手を合わせて神様にお祈りします。次に、手のひらの中央に八角形の鏡があると見立てて、自分の顔が映っているとイメージします。そして、パッと目を開けて、そのときにどの丘のエネルギーが強いか、感じてみてください。思考をはさまずに、目に飛び込んできた印象が、そのときのあなたに必要なメッセージを与えてくれています。丘を見たときに、盛り上がっているところ、目立つところは、その丘の惑星からのエネルギーを強く受けています。反対に、元気がないところ、目がいかないところは、あまりエネルギーがない丘です。

運が開ける御鏡御拝の法

1 両手を合わせる

2 「神様、手を通して、今の自分に必要なメッセージをお与えください」と目を閉じて1分ほどお祈りする

3 両手の感情線をつなげるように手を開き、手のひらの中央の八角形の鏡に自分の顔がうつるイメージをする

4 約10秒間、手のひらを見つめて、エネルギーの強い丘、弱い丘を感じ取る（目に飛び込んでくる感覚）

5 強い丘、弱い丘のテーマを意識して日常を過ごす

6 よくない印象が浮かんできたら、まばゆい太陽の光をイメージして「トホカミエミタメ」「アマテラスオオミカミ」「寿」を繰り返し唱える

74

75

# 1日10秒手を見るだけで

## 徳積みポイント STEP2

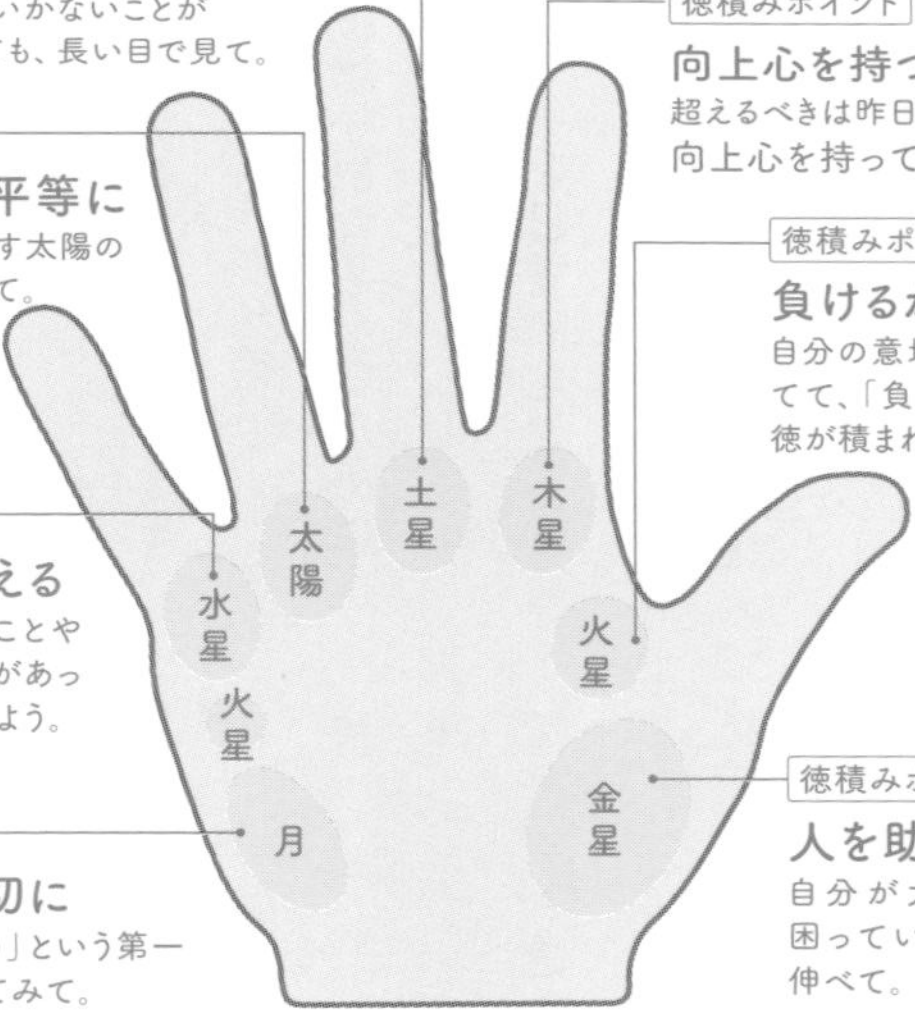


徳積みポイント
**長い目で見る**
うまくいかないことがあっても、長い目で見て。

徳積みポイント
**向上心を持つ**
超えるべきは昨日の自分。向上心を持って行動して。

徳積みポイント
**誰に対しても平等に**
あらゆるものを照らす太陽のように、平等に接して。

徳積みポイント
**負けるが勝ち**
自分の意地やプライドを捨てて、「負けて」おくことで徳が積まれます。

徳積みポイント
**惜しみなく伝える**
自分が知っていることや誰かの役に立つ話があったら惜しみなく伝えよう。

徳積みポイント
**人を助ける**
自分が大変なときこそ、困っている人に手を差し伸べて。

徳積みポイント
**ヒラメキを大切に**
「なんとなくこう思う」という第一感を信じて行動してみて。

---

御鏡御拝の法でメッセージを受け取ったら、丘の各惑星の説明へ。「丘」のテーマを知ることで、いつでも自分で自分を占えるようになります。

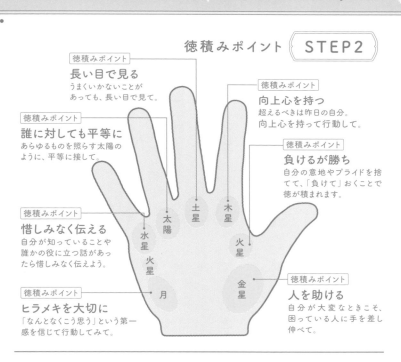

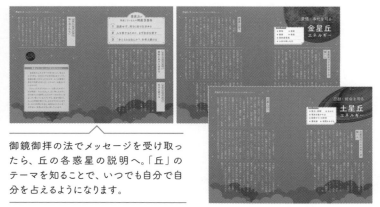

Contents

Part 2
# 毎日見よう　手のひらからの開運メッセージ……67

Part 3
## 特徴的な手相

# Part 1

# 手相の基本

## 新常識！　手相は丘が9割

手相の話を始める前に、大事なことをお伝えします。

本書の目的は、ただ単に「エンタメ的におもしろい」とか「知的好奇心をそそる」だけではなく、あなたに〝運命を好転させる知恵〟を知っていただくことです。

わたしはその知恵を、すべて師匠である北極老人から教えていただきました。

北極老人は、青年時代に9つの流派の占いを極め、数万人を開運に導いた伝説の占い師。現在は、わたしの住む大阪府枚方市の地で、たくさんの弟子たちを育てておられます。

さて、さっそく本題に入りましょう。

運命を好転させる方法の一つが、〝手を通して、自己と対話すること〟です。

ほとんどの手相占いでは、「線」を見るのが一般的ですが、もっと大事なのは、手のひらの盛り上がった部分です（ここを、「丘」といいます）。P38でも詳しくお伝えしますが、手は、指がアンテナになって、「丘」にエネルギーが貯まります。さらに、それぞれの「丘」には太陽系の惑星のエネルギーが集まっているのです。

惑星のエネルギーを強く受けると「丘」がふくらんだり、目立ったりします。反対に、平らなところ、印象に残らないところは、あまり影響を受けていません。

その人の意識や生き方が変われば、「丘」の様子も変わっていきます。日々変わる「丘」を見ながら、自分に必要なメッセージや、テーマを受け取るというのが、手を通した自己対話です。

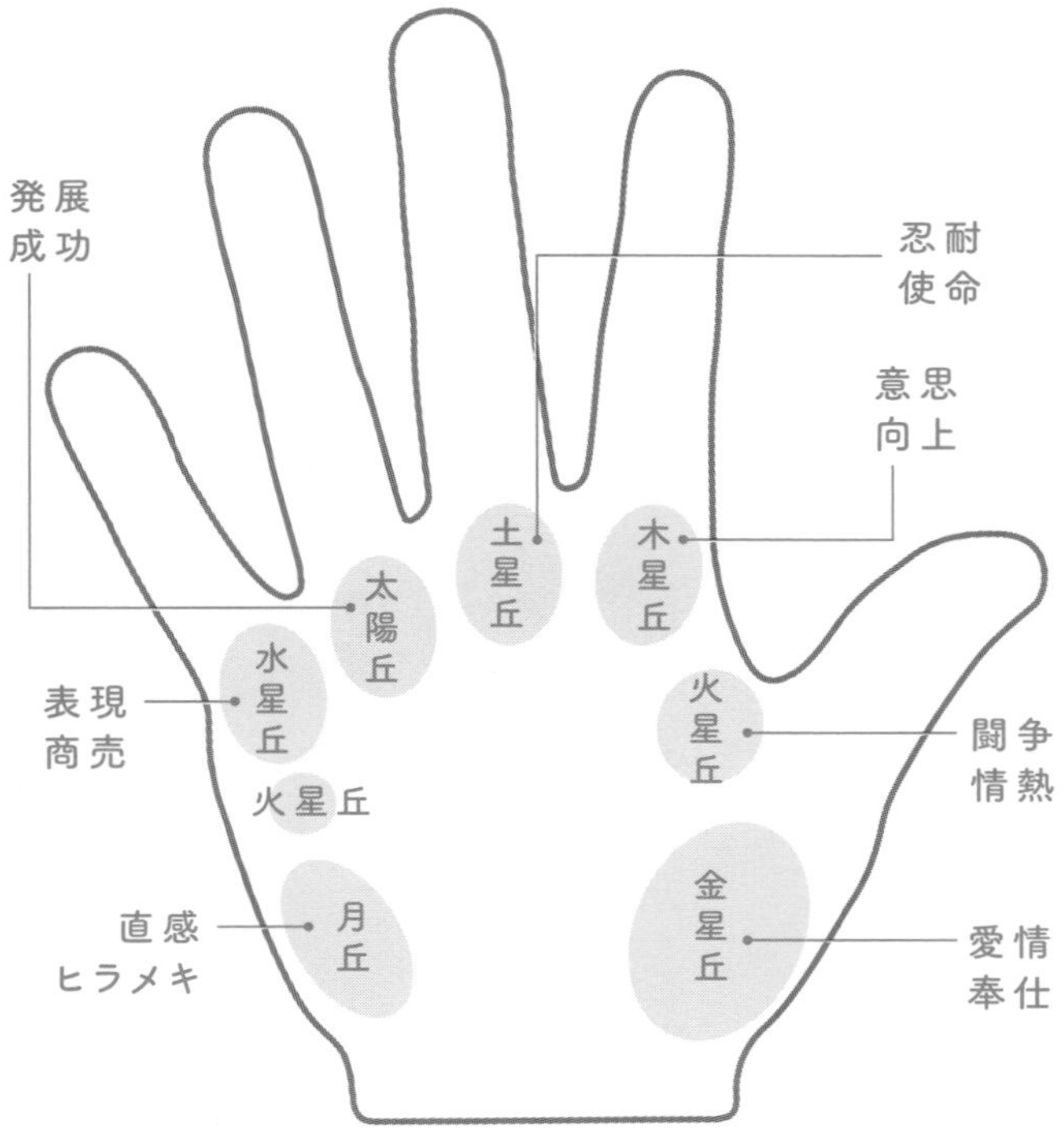

先日、わたしの鑑定に来られたＫさん。手を見てみると、金星丘にふくらみが少ないことに気づきます。金星丘は、愛情や奉仕を司る丘。

「わたしって今まで、誰かに〝与えよう〟としてこなかったのかも……」

と振り返ったそうです。

そこから、「与える」ということを意識して、行動を変えていきました。人が嫌がる仕事は率先してやる。人の分まで掃除する。自分から明るく挨拶をする。周りが楽になるように先回りして動く。

すると、三ヶ月後、手に変化が現れたのです。ぺったんこだった金星丘にふくらみができていました。これにはＫさんも驚いていました。

「手って、本当に自分の課題が出るんですね。今は、太陽丘が弱い気がするので、明るく前向きに！　を、意識しています」

と笑顔を浮かべていました。

もう一例、別の方のエピソードを紹介します。感情的になりやすいＡさんは、自分の予想どおり、忍耐を意味する土星丘がへこんでいました。そこで毎朝、手のひらを眺めながら、土星のテーマを意識して過ごすことに。

すると、身の回りで起こる出来事への受け止め方が変わっていったのです。

カチンとくる一言をいわれたり、人に誤解されたり、仕事が思い通りにいかなかったとき、今までなら、ついカッとなっていたAさん。

しかし、「これも神様から、忍耐力を試されているに違いない」と、イヤなことが起きても前向きに解釈できるようになったそうです。


運を良くするためには、〝自分の心をよく見ること〟です。

しかし、心は目に見えません。だからこそ、その形なき心を見るための知恵を、人は遥か昔から研究してきたのです。その結果、生まれたのが、手相、人相、骨相《こっそう》、家《か》相《そう》などの「観相学《かんそうがく》」です。これら〝相〟の字がつく占いは、いずれも本質は同じ。「目に見える形（＝相）」を見ることで、その背後にある「心の風景（心の動き、流れ、兆《きざ》し）」を観《み》て、「生き方」を正すための学問なのです。

# 手相占いで迷子にならないために

手相は、その人の〝心の窓〟です。心のあり方しだいで、人の性格も運命も決まりますので、小さな手のひらから、とてつもなく多くの情報を読み取ることができます。

ただし、いくら手相の知識を頭に入れても、実際に手相を読めるようにはなりません。

知識よりも大切なことは、手相を見るための〝心構え〟だからです。

わたしが占い師として、師匠の北極老人から教えていただいたことは、占いの知識やテクニックが1割。残りの9割は、占い師としての器づくり（姿勢、あり方、心構え）の部分でした。

では、手相を見るうえで大切な心構えとは？

それは〝頭で考えない〟こと。この一言に尽きます。

えっ!?　頭で考えなかったら、どうやって解釈するの？　と思われるかもしれませんが、詳しく説明していきますね。

まず、あなたの手のひらを見てみてください。そこには無数の要素が散りばめられています。

たくさんの線、丘、手のふくらみ、肉づき、指の長さ、細さ、形、などなど。手相に興味を持った人は、だいたい、それら一つ一つの意味を調べるところから始めます。最近では、手相の本だけでなく、SNS上にも大量の手相コンテンツがひしめき合っていますから、情報源はたくさんあることでしょう。

けれど、世間で流行《はや》る占いは、たいてい「未来を当てる」か「吉凶や性格をハッキリ決めつける」か、そのどちらかです。だから、そこには

「〇〇線があればラッキー」

「〇〇丘が発達した人は、こういう性格」

「ここにある線が結婚時期のサイン」

といったような解釈の仕方が、いろいろと書かれているはずです。そのような情報を目にしていると、「わたしはこのタイプだ！」と、興味はそそられるかもしれません。でも、一つ一つの線や丘は、あくまで手相が示している膨大な情報の〝断片〟でしかありません。

〝断片〟にとらわれると、〝全体〟が見えなくなります。

結局、いろいろ知ったつもりにはなるけれど、「で、どうしたらいいの?」「どの見方が正しいんだろう……」と、脳内で〝正解探し〟が始まります。これが、頭で考えている状態です。

頭で考えてしまうと、「正しいか、正しくないか」「良いか、悪いか」「吉か、凶か」「幸運か、不運か」正解はどっちなの? という思考に陥《おちい》り、迷子になってしまうのです。

現代は、とくにこの〝正解病〟にかかりやすいのです。

学校でも職場でも、正解を出すことを求められる。インターネットで検索すると、正解らしき情報がすぐに手に入る。そんな時代だからです。

けれど、人の心も、性格も、運命も、そんなに白黒ハッキリできるほど、単純なものではありません。そこには、正解も、不正解もないのです。

例えば、感情線がまっすぐ伸びている人は「クールで冷静」な傾向があります。その性格は善でも悪でもありません。何かトラブルがあっても感情的にならず、冷静に対処できるのはいいのかもしれません。でも、いつもクールすぎると、波乱もなければ、おもしろみもない。だから、その特性が〝ほどよく〟発揮されたらいいのです。

一つの性格的傾向が、長所になるか、短所になるかは、その人の〝生き方〟次第です。

そして、生き方が磨かれるのは、得てして試練、限界、崖っぷちのときです。

ですから一般的に〝凶〟といわれる相も、見方を変えると、あなたが成長するための大事な時期といえるのです。そのことに気づけると、人生において、どの出来事が吉か、凶か、という断片的な見方を卒業することができます。すべては物語のワンシーンのようにつながっています。すべては大いなる意図があって、神様から与えられた経験なのです。

まず手相を見るうえで、「良い手相（吉相）」も「悪い手相（凶相）」も存在しない！ということを、ご理解ください。大事なことは、手相を通して自分と対話して、そのとき必要なメッセージを受け取ることなのです。

## 手相は〝気〟で感じる

わたしは師匠から、手相は〝頭〟で理解するのではなく、〝気〟で感じるものだと教わりました。〝気〟で感じるとは、(できる限り)自分の思考を挟まずに、手を見た瞬間、パッと直感的に、浮かんだ第一印象をそのまま受け取る、ということです。

思考が挟まるとフィルターがかかって、判断が狂ってしまいます。

たいていの人は、「自分の性格のここが嫌いだ」というコンプレックスや、「こんな自分でありたい」という自意識を持っています。だから、手相占いの結果を見て、自分の期待どおりのことが書かれていたら、嬉しくなったり、浮かれたり。期待外れのことが書かれていたら、不安になったり、落ち込んだり。いずれにしても、自分の都合のいい解釈をしているだけなので、それでは生き方も運命も変わりません。

だから、〝頭〟ではなく〝気〟で感じることが大切なのです。

〝気〟は、別名「プラーナ(宇宙にみなぎる生命力)」とも呼ばれています。

北極老人は、〝気〟の流れを龍に見立てます。研鑽《けんさん》していきますと、手相がまるで龍体(流体)のように動いて見えてきます(さらに熟練すると、役割ごとに違う種類の龍になって見えます）。

身体に流れる〝気〟に影響されて、人間の〝気分〟が決まります。たとえ〝気〟という世界になじみがなくても、実は誰でも〝気〟を感じている瞬間があるのです。

例えば、誰かと接したときに、会話せずとも「なんかイライラしてそう」とか「落ち込んでそうだな」といった相手の印象が、パッと飛び込んできたことはありませんか？　それが〝気〟を感じている瞬間なのです。

ほかにも、背後に人の気配を感じて、パッと後ろを振り返ったら、誰かがいたとか。なんとなくイヤな予感がして、確認したら仕事のミスが発覚したとか。これらも〝気〟で未来に起こることの兆《きざ》しを感じているのです。

気配りが上手な人、気が利く人は、読んで字の如《ごと》く、その場の〝気〟を感じて、先回りをして動ける人のことをいいます。

意識しなくても、こんな風にわたしたちは普段から常に〝気〟を、発したり、受けたりしながら生きているのです。

そして、人体の中で最も〝気〟を送受信しているのが〝手〟なのです。

## 手のエネルギーを目覚めさせる方法

試しに、ちょっと〝気〟の体感をしてみましょう。

目を閉じて、左手と右手を開きます。次に、両手のひらを徐々に近づけていってください。それを、ひっつくギリギリ（間が1㎝くらい）で止めます。すると、両手の間に、じんわりとあたたかい何かが流れているような感覚になりませんか？

それが〝気〟です。

もし、わかりにくければ、キレイに手を洗ってから、やってみてください。肘あたりから手の指先までを、1分間くらい入念に水で流します。すると、手に溜まっていたネガティブな気（邪気）が祓《はら》われるので、手の感覚が敏感になります。

最初は、「なんとなく感じるけど、気のせいかな……」と思うかもしれません。

でも、その〝なんとなく〟を大事にしてほしいのです。

〝気のせい〟というのは、まさに〝気〟のせい、ですから。

もともと自然界には多くの〝気（目に見えないエネルギー）〟が存在します。

空気、地磁気、プラズマ、放射線、電磁波（光・X線・赤外線）や、数万種類はいるであろう微生物や、仮説上の素粒子（自然電気・些子《さし》・モノポール・重力子）も、すべて気（の要素）といえるのです。

おそらく科学がもっと進歩すれば、今は「オカルト」と呼ばれている不思議な現象と「科学」はつながっていくでしょう。

手相の世界では、手は宇宙の星々からの〝気〟を受けるアンテナだと考えます。とくに強く影響しているのが太陽系惑星です。（惑星と手相のつながりについては、P．40～41で後述します）

まずは、「自分には目に見えないエネルギーを受信するアンテナがある」ということを確信してみてください。そのような意識を持つからこそ、感受性が開くのです。

手をパッと見たとき、どんな〝気持ち〟になるか？

その一瞬に、飛び込んでくる印象こそが、あなたに必要なメッセージなのです。

## 未来も手相も変わる

手相のすごいところは、あなたの過去の経験だけでなく、未来のことまで刻まれていることです。熟達すると、かなり緻密《ちみつ》に未来をいい当てることができます。

ただし、ここで一つ注意点があります。

手相に表れる運命というのは、あくまで「このまま進むと、こうなるよ」という暫定《ざんてい》の未来です。それは良くも悪くも〝変わる可能性がある〟ということを忘れないようにしてください。

「あの占い師、すごく当たるらしいよ」と、ほめ言葉のように使われることがありますが、未来を当てるのは、あくまで占いの初歩に過ぎません。

なぜなら、未来が当たるということは「もともと、そうなる運命だった（現状維持）」ということですから。占い師の本当の役目は、定められた運命を超えること。本人ですら、想像もしなかった未来に導くことなのです。

わたし自身、そのことをわきまえておらず、手相占いで失敗したことがあります。まだ本格的に占い師デビューする前のこと。一人の女友達の手相を見ました。すると、そこにはハッキリと結婚の相が出ていたのです。彼女が結婚を望んでいることを知っていたわたしは、「一年後に、結婚の兆しがあるよ！」と伝えたのです。その日、彼女は嬉しそうに帰っていきました。

ところが数日後。彼女の同僚から、よからぬ噂が聞こえてきたのです。

なんでも、ここ最近、彼女が急に浮かれた雰囲気になって、ぜんぜん仕事に身が入らなくなっているというのです。社内のあちこちから不満の声が……。

なぜそうなったのか、原因は明らかでした。

わたしの軽率なアドバイスが、災いしていたのです。

もともと彼女は、恋愛や結婚のことになると、すぐに脳内がお花畑になりやすいタイプでした。そんな彼女に、迂闊《うかつ》にも、わたしは婚期を告げてしまった。これは完全に油断でした。たとえ未来が見えたとしても、断片的な情報だけを伝えるべきではなかったのです。

（北極老人からもお叱りを受けて、すぐに彼女のところへフォローしに行きました）

この一件があってから、相手の運命を〝決めつける〟ようなアドバイスをしないよう、すごく慎重になりました。

そしてこれは、自分で自分の手相を見るときも、とても大切な心得なのです。自分の未来を決めつけない、自分はこんな人間だと決めつけない、ということです。

誰だって、「自分の未来が知りたい」と思うことはあるでしょう。そのお気持ちはよくわかります。とくに将来が不安なとき、自分に自信が持てないときほど、人は安心材料がほしくなるし、何かにすがりつきたくなる。そんなとき、「この手相がある人の未来は……」なんて情報を見ると、そこに答えがあるような気がして、ついつい心を奪われてしまうものです。

でも、そうやって未来の可能性を狭めるのは、本物の占いではありません。

たしかに手相からは、人生の転機（進学、出会い、就職、結婚、出産、など）を読み取ることができます。けれど、それは変わる可能性もあるのです。その転機が、大開運のチャンスになるか、空振りで終わるかは、日々の過ごし方で決まります。

もし、未来を知ったことで、怠《なま》けた生き方をしていたら、運気は逃げていきます。だから、運命の日がいつ訪れてもいいように、毎日、「今日がわたしの開運日だ！」という気持ちで生きるのです。

じゃあ、手相は何のために見るのか？

自分と対話するためです。

無難《ぶなん》に、消極的に、挑戦もせず、なんとなく一日を終えたとき、手のひらを見てください。きっと、止まっているように見えて、エネルギーを感じないはずです。

逆に、ノリよく、積極的に、チャレンジングに、誰かのために必死になって生きた、そんな清々《すがすが》しい一日の終わりには、どう見えるか？　きっと手がイキイキして、エネルギーを発しているのを感じるはずです。

そのとき、〝手相は変わる〟という言葉の意味を、実感していただけるはずです。

幸せな人生を送るために、大事なのは、結果ではなくプロセスです。完ぺきな手相の形なんてものは、この世に存在しません。

あえていうなら、〝動き続ける手相〟こそが、最高の手相なのです。

キーワードは自捨新生《じしゃしんせい》。古い自分は手放して、生まれ変わる。

自分には、こんな意外な一面もあったんだ！　と、再発見し続けるような日々を送りましょう。それが、良い手相を創る秘訣です。

## 「人の運は食にあり」の本当の意味

江戸時代に、水野南北《なんぼく》という観相学の大家がいました。人の性格や運命が、外見にどのように表れるかを研究するため「床屋、銭湯、火葬場」で働きながら、手、頭、顔、身体、骨の形にいたるまで見尽くしたのです。その知恵が、今日の観相学にも活かされているのですが、お伝えしたいのは、そんな南北が「なぜ観相学に目覚めたのか」のお話です。

彼は幼い頃に両親を失い、荒れた少年時代を過ごしていました。10歳で盗みを覚え、ケンカや博打《ばくち》に明け暮れる日々。あるとき悪事がバレて牢屋にぶちこまれます。その中で、普通の人と、牢屋の罪人の人相が、あまりに違うことに衝撃を受けたのです。それから人相に興味を持ち、釈放されてすぐに、有名な占い師のもとを訪ねます。

その占い師は南北を見るやいなや、こういったのです。

「おぬし、死相が出ておるぞ！　あと一年の命しかない。唯一、助かる道があるとすれば、出家しかないだろう」と。

イヤだ！　まだ死にたくない！　恐れをなした南北は、なんとか運命を変えるべく、いわれたとおり出家を志します。ところが僧から条件を課せられるのです。

「一年間、麦と大豆だけの食事を続けられたら、入門を許そう」と。

南北は素直に従い、食を慎みました。そして心を入れ替え、せっせと働きました。人のために生きる覚悟を決めたのです。

一年後、例の占い師のところへ、再び会いにいきました。

すると、占い師は驚いた様子でいうのです。

「あれほどの死相が消えておる！　おぬし、よほど大きな徳を積んだのじゃな……」

それに対して南北は答えました。

「いいえ、わたしはただ一年間、粗食を続けただけです」と。

この話は、運命を変えるには〝徳を積むこと〟が大切だということを、わたしたちに教えてくれます。

〝徳〟とは、運気の源となるエネルギーのようなものだと考えてください。

一般的に、善い行いをするほど、目には見えない世界に徳が貯まると、昔からいい伝えられています。南北が粗食を続けたように、欲を貪《むさぼ》らず、ムダな殺生《せっしょう》をしないのも、ひとつの徳積みです。ただし、昔と今とでは、環境がまったく違いますので、そのまま真似をするというより、徳積みの本質を理解することが大切です。

徳積みをいい換えると、「奪う人」ではなく「与える人」になるということです。

そのためには、まずわたしたちが普段、当たり前のように〝いただいているもの〟に感謝できる自分でいなければなりません。

例えば、感謝を忘れがちなのが〝食〟です。

水野南北は「人の運は食にあり」という言葉を残しました。

江戸時代と違って、今の日本で食べものに困る人は少なくなりました。その代償として、今の人は食材への感謝も薄れつつあります。簡単に、食べものを捨てるし、腐らせる。肉も、魚も、野菜も、すべて〝命〟です。

また、それらの食材が食卓にならぶまで、どれだけ多くの人の労力があったことでしょうか。農家、漁師、畜産関係者から、料理人にいたるまで、気が遠くなるようなバトンリレーを経て、食べものになっているのです。

北極老人は、一皿の料理には、少なくとも30万人が関わっているとおっしゃいます。たしかに考えてみると、食材、調味料、お皿、お箸、電気、ガス、水道……、それらすべての製造、流通、販売もろもろに関わる人を数え上げたら、すさまじい人の数になります。

あなたが出会うモノや人の背後には、それだけ多くの〝縁起《えんぎ》の糸〟がつながっているということです。

人の運気というのは、その〝縁起の糸〟をつたって、やってきます。

だから食を通して〝縁起〟を悟っている人（その背後にある神様の意図に気づき、感謝できる人）には、人生を根本から覆すくらいの、莫大《ばくだい》な運気が流れ込んでくるというわけです。

それゆえ「運命」とは、「命を運ぶ」と書くのです。

自分の命は、たくさんの〝おかげさま〟で成り立っている。この当たり前の感謝を大切にできる人は、運命を味方につけることができるよ、というメッセージです。

ですから、日頃の実践として、まず食生活を見直してみてください。

心を込めて「いただきます」をいう。食材をムダにしない。ストレスを発散するように暴飲暴食しない。できれば、心を込めて作られた美味しいごはんを適量、感謝していただくようにしてください。それだけで、あなたの運命は必ず変わります。

## 運命が好転する「徳積み習慣」

〝与える人〟になる第一歩は、わたしたちは、ただ食べて、ただ息をして、ただ生きているだけで、たくさんのものを〝奪っている〟ということに気づくことです。

大前提として、わたしたちは、自覚なしに人から何かを奪っていることが多々あります。

それは、他人から「時間を奪う」「気を奪う」などです。

お金やモノを奪ったら窃盗罪《せっとうざい》で捕まりますが、時間や気を奪ったところで、誰からも咎《とが》められません。だから、時間や気を奪うことに対しては、つい鈍感になりがちです。

北極老人いわく、実は神様から見ると、時間や気を奪うのも、お金やモノを奪うのと同じくらい、けっこう大きな罪だったりするそうです。

なぜなら、時間や気を奪って、せっかくの人の努力を台無しにしたり、人のやる気や元気を奪ったりするのは、相手の人生（命）の一部を奪っているも同じだからです。

そのことに気づかず、人から「奪う」ばかりの関わりを続けていると、手相も人相もバランスが悪くなり、性格も曲がっていき、結果、運気も逃げていってしまうのです。

だからといって、まったく奪わない、なんて無理です。人が生きている以上は。だからこそ、いただいたものに感謝できる自分でいること。そして「奪った以上に、与える」「もらった以上に、お返しする」という姿勢で生きる。

それが徳積みの基本であり、運命好転の条件なのです。

徳積みには「陽徳《ようとく》」と「陰徳《いんとく》」の2つがあります。

陽徳は、周りから評価される善い行いです。

陰徳は、誰からも評価されず、気づかれることもない、影の徳積みです。

両者を比較すると、圧倒的に「陰徳」の方が大事。陽徳だと、善い行いをした分だけ、称賛されたり、自分の評価があがったり、おいしい思いができてしまう分だけ、純粋な〝与える行為〟から遠ざかってしまうからです。

陰徳の心構えは、「もっと褒められたい」「認めてほしい」「わたしの気持ちもわかってほしい」という自分本意な思いを卒業すること。たいていの人は、自分の努力が報われなかったり、期待どおりの見返りがなかったときに、不平不満をいいたくなってしまいます。けれど、そのときに気づかなくてはならないのです。「わたしだって、気づかないところでたくさんの人に支えられて、今があるんだ」ということに。

徳を積み続けると、人生も大きく変わっていきます。中国の明《みん》の時代（16世紀）に、袁了凡《えんりょのぼん》という人がいました。彼はあるとき、易《えき》（占い）の大家である老人と出会い、彼の一生すべてを予言されます。

運命を信じて疑わなくなった彼は、とある禅寺へ出向き、静かに座禅を組むことに。そこへ、雲谷禅師《うんこくぜんじ》という有名な禅のお坊さんがやってきました。二人は3日間、ずっと寝ずに座禅をし続けます。

その間、袁了凡の心には、余計な雑念、妄想、迷い……などがまったくなく、静寂そのものだったそうです。雲谷禅師は驚きます。

「どこで、そのような修行をされたのですか!?　わたしも禅坊主を長くやっていますが、あなたのように静かな心の持ち主は初めてです」

袁了凡は答えました。「実は、わたしの一生はもう決定しているのです。いまさら悩むことは何もありません」。それを聞いた雲谷禅師はカラカラと笑ったあと、袁了凡を一喝したのです。「この愚か者めっ！　それでは何のために生きているのだ」

雲谷禅師は、いにしえの聖人や賢人を例に挙げ、徳を積むことで、運命はいくらでも変えることができる、ということを袁了凡に諭《さと》しました。

「そうか。徳を積むことで運命は変わるのか……」と思った彼は、雲谷禅師の言葉を守って毎日毎日、できる限りの徳を積んでいきました。

身寄りのない人を養ったり、死にそうな人や病気の人を助けたり。壊れそうな神社を修理したり、ケガをした動物を救ってやったり……。そうしたところ、あの老人の予言が、次第に狂い始めてきました。それもよい方向へ。

給料も次第に増え、「子どもはできない」といわれていたのに、とうとう子どもも授かりました。また、53歳で死ぬといわれていたのに、なんと、74歳まで長生きすることができたのです。徳を積むことによって運命を変えて、寿命すら延ばすことができたわけです。

もちろん、わたしたちと時代も場所も異なりますから、袁了凡と同じような徳の積み方はできません。けれど、現代に合った徳積みは、いくらでも可能なのです。

一番おすすめの徳積みは、なんといっても掃除です。

北極老人は青年時代、トイレ掃除を習慣にしていたそうです。

飲食店、美容室、駅、公園、神社、どこへ行っても掃除する。自分が汚したわけじゃなくても、使う前よりピカピカにしてから出ていたとか。すると、いろんな場面で、良きご縁やタイミングに恵まれるようになったそうです。

ぜひ、他の人が嫌がるような場所を、黙って、率先して、掃除してみてください。

また、掃除のほかにも、与えることを意識するだけで運の流れが変わります。

「損して徳とれ」を合言葉に、自分が損したと思っても、取り返そうとしない。

評価されない仕事でも、神様が見ていると思って、丁寧に、全力でやる。

明るい声、明るい表情で、感じの良い挨拶をする

人に指摘されたことを、素直に受け止めて改善する。

めんどくさいなぁ……と思うことでも、人任せ、先延ばしにしない。

不平・不満よりも、感謝の言葉を多くする。

そしてなにより、「必要以上に奪わない（ムダにしない）」ことも大切です。先ほどもお伝えしましたが、今の時代、まだ食べられるのに捨てられてしまう食材がたくさんあります。日本では、年間523万トン。国民一人当たりでいうと、「お茶碗一杯分の食べもの」が、毎日捨てられているということです。

わたしたちは、他の命をいただいて生きている。そのことに感謝して、少しでもモノや生き物を大事にすることも、徳積みになります。

このように、ちょっと心がけを変えるだけで、日常のあらゆるシーンが徳積みのチャンスになります。そこで積まれた徳分が、あなたの手に蓄えられて、ふくよかで良い手相が作られていくのです。

では、次項からは、具体的な手相の「丘」や「線」の解説をしていきましょう。

# 手相の丘とアンテナとしての指の意味

手相で重要なのは「線」よりも、盛り上がった「丘」という部分です。「線」が現れる根源的なエネルギーを蓄えているのが「丘」だからです。

左図のように、それぞれの丘は太陽系の惑星に対応します。大きく盛り上がっている、線が多い、血色が良いと、その丘の性質が強いことを意味します。

指はアンテナ。そこで受けた惑星のエネルギーは、各指の付け根にある丘に蓄えられ、それが溢《あふ》れ出すと線が現れます。

あなたの人生に起こるすべての出来事（幸運・不運）は、目に見えないエネルギーが満ちて現象化した〝結果〟といえます。たとえ、まだ現象化していないことでも、手相には、すでにその〝原因〟となるエネルギーが示されています。それゆえ、どの丘のエネルギーが強いかを見ると、どんな〝結果〟が現れるのかを未然に知ることができるのです。

あとは、人生の目的に従がって、そのエネルギーを何のために使うのかが大切。それを決めるのは、あなたが「どうありたいか」という意思です。

※各丘の意味や見方についてはP40で詳しく解説します。

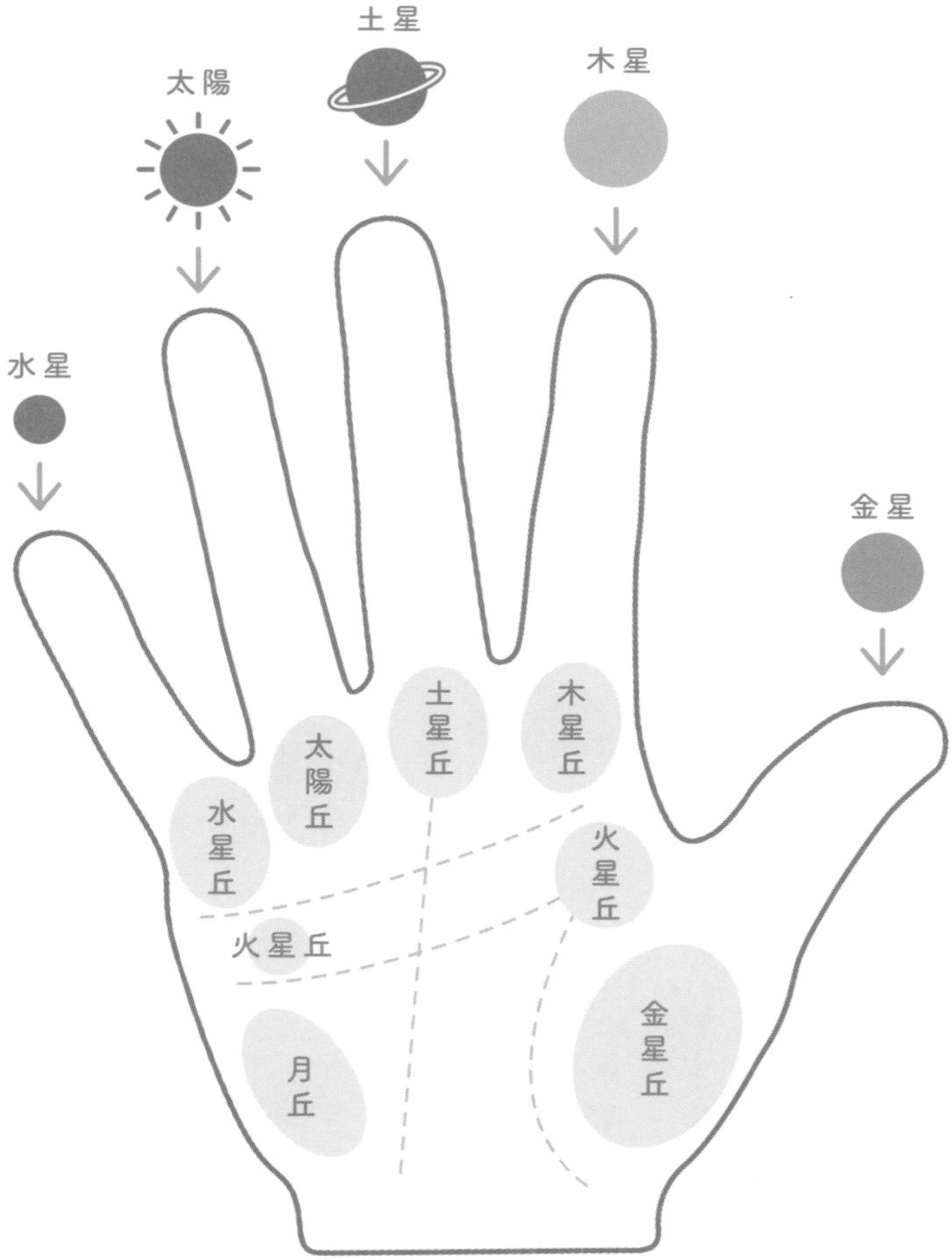
土星
太陽
木星
水星
金星
土星丘
木星丘
太陽丘
水星丘
火星丘
火星丘
月丘
金星丘

# 運を司る7つの丘

## 金星丘

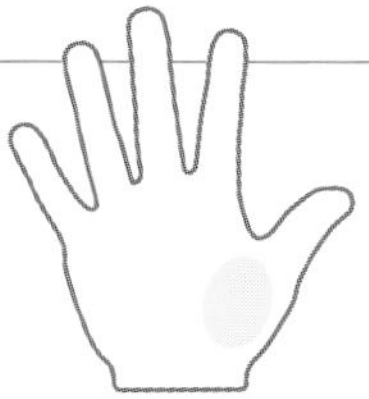

金星丘の象徴は、愛情、家庭、家族などです。タテ線が多かったり、丘が盛り上がっているほど、人に何かをしてあげたい。与えたい欲求が強い人になります。与えていくことで豊かな人生となって返ってきます。与えることと自己愛とは紙一重で、わたしはこんなにやっているのに何も返ってこない、などの見返りを求める気持ちには注意しましょう。

## 火星丘

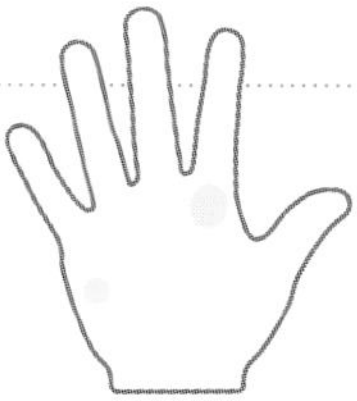

火星丘は火の星であり、熱狂的、闘争、情熱の世界。いつも激しさ、争い、戦場、力と技、強さ、などを象徴とします。機械文明を作ったのは火星のエネルギーで、文明を発展させるのに競争は必要だったのです。この丘が発達しているとモチベーションが高く、チャレンジ精神旺盛で、勝負事にはめっぽう強いといえます。

## 月丘

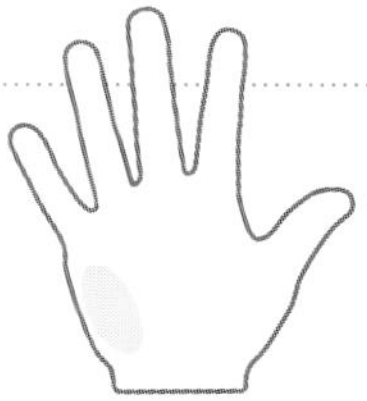

月丘は、「ツキがいい」などと言われるように、タイミングの良さを表します。昔の人は月の満ち欠けを基準にして、ひとつきの長さを決めていました。それゆえ月のエネルギーは“時間感覚”と深く関わっています。この丘が発達している人は、チャンスをつかむ直感力に優れています。また、月は太陽の光を受けて輝くことから、人からの応援、他力を受けやすいことも意味します。

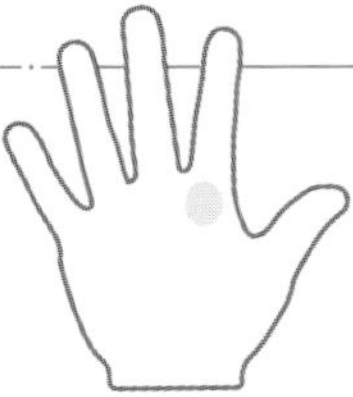

## 木星丘

木星丘は、志、向上、野心、行動力などを意味します。木星という名のとおり、意志の力が、樹木のように上に伸びていくイメージです。この丘が発達している人は、自発的にチャンスをつかみにいくタイプ。成長欲求に満ち溢れていて、自分が立てた目標を努力し成し遂げる力があります。

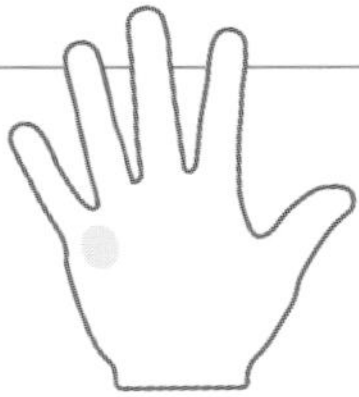

## 水星丘

水星丘は、商売の象徴。水のエネルギーは、流れ、循環を表します。商売の本質も、お金、モノ、人、エネルギーの流れを作り、循環させることにあります。この丘が発達している人は、勉強熱心な方が多く、言葉や表現によって人を勇気づける才能に長けています。

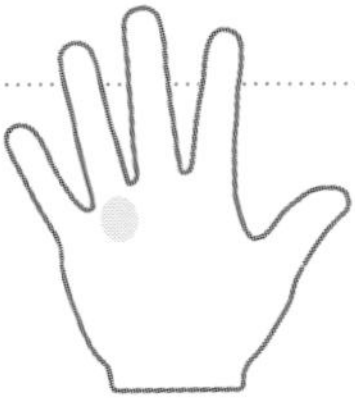

## 太陽丘

太陽丘は、繁栄発展、名誉、成功、金運などの意味合いがあります。太陽は非常に明るく躍動的で地上の動物、植物が成長していくエネルギーの活力源です。太陽丘が発達している人は、明るく前向きで発展的に物事をやり遂げ、やる気に溢れています。そういった心持ちが成功の原動力になるのです。

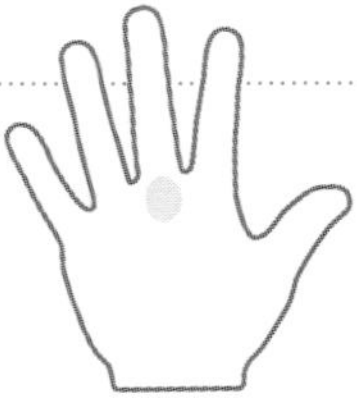

## 土星丘

土星丘は、役割や忍耐、使命、孤独を示します。土星丘が発達している人には、例え不遇の時期でも、我慢強く物事を着実にやり遂げる力があります。晩年になっても元気に働きたい人やいつまでも世の中のために尽くしたいと思う人は、土星のエネルギーを強く受けています。

# 右手と左手、どちらが大事？

右手と左手の手相は、それぞれ意味合いが違います。その違いは「左」と「右」という言霊《ことだま》（言葉の響き）にも秘められています。

「左」の「ひ」の言霊は「火、霊（ひ）」を表します。火は、ゆらゆらと燃えてつかみどころがなく、霊も目には見えない存在です。つまり「潜在的なもの、内的なもの」を意味するのです。左手は、生まれもった性格や才能、運勢、過去がウツっています。その人の考え方や、心の状態などの〝精神面〟も表しています。

「右手」の「み」の言霊は「身、実」です。身体を表す「身」と、果物などの「実」は、いずれも形があるものを表します。「触れることができるもの、現実的なもの」という意味です。右手は、生まれてから今まで、後天的に身につけた性格や、努力したこと、生き方などを象徴しています。いわば〝現実面〟を示しています。

例えば、現実的には状況がガラッと変わったけれど、精神的にはあまり変化がない場合、右手の手相にだけ印が出たりします。逆もまたしかり。

また、性格の見方でいうと、左手は「内的（あまり人には見せない裏の性格）」、右手は「外的（対外的に見せる表の性格）」を表します。ですから、左手の相と、右手の相が大きく違う人は、裏表の激しい性格になる傾向があります。自分自身と対話をするように、左手と右手を見ていきましょう。

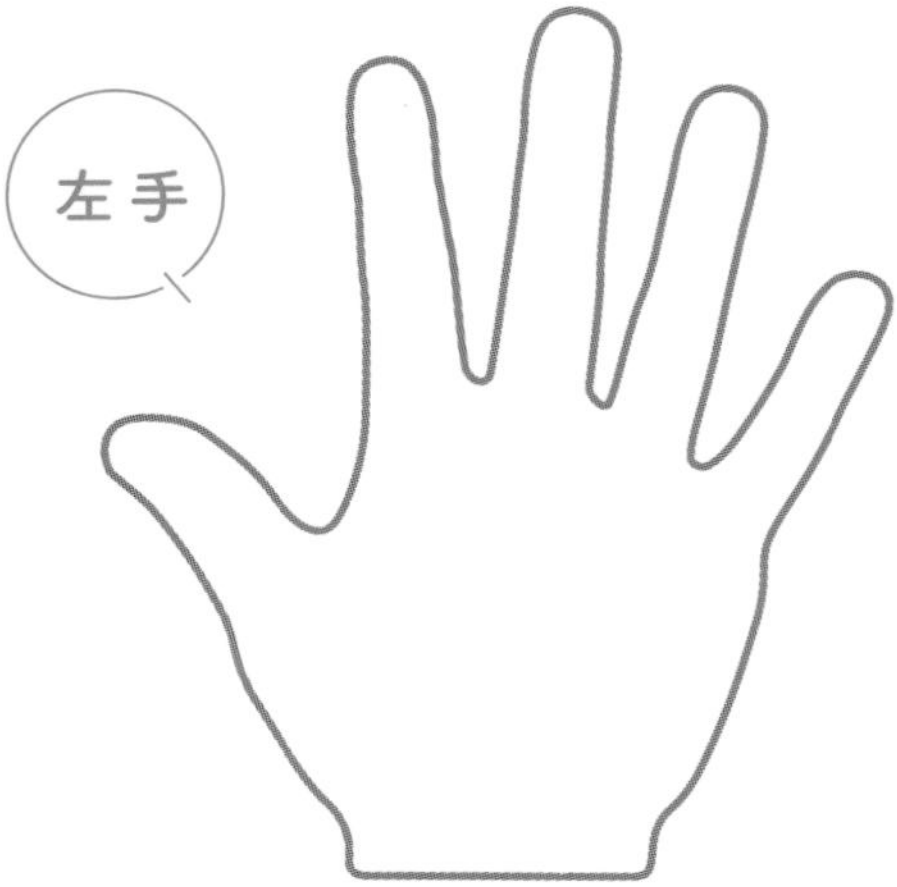


左：ひ＝火、霊＝精神・先天・過去がウツっている

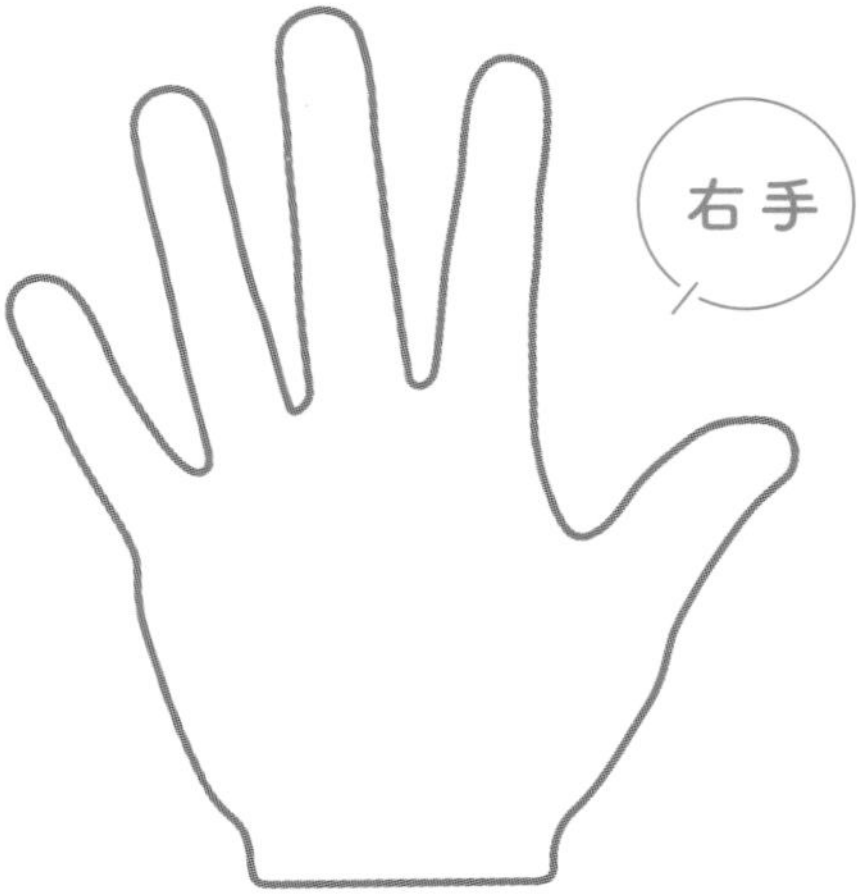


右：み＝身、実＝現実・後天・未来がウツっている

## 開運の近道は指の感度を高めること

人の「第六感」は、指と深い関係があります。人体は微弱な電気をまとっており、それを〝触覚静電気〟と呼びますが、人の「精神」と「肉体」がうまく連動するのも、目、耳、鼻、舌などの感覚が機能するのも、すべてこの〝触覚静電気〟という電気信号のおかげ。それだけではなく、言語化できないけれど、なんとなく感じる「空気感、オーラ、人情の機微《きび》、女心の妙《みょう》、神社の御神気《ごしんき》、あたたかみ」などをキャッチできるのも、この触覚静電気の為せるワザなのです。

その触覚静電気のセンサーが最も集まっているのが〝指先〟です。

さまざまな宗教で祈りや瞑想のときに指を組むのも、触覚を目覚めさせるため。ところが現代人は、自然に触れない、裸足で歩かない。肌と肌で触れ合わない、〝触れる〟ことが極めて少なくなってしまいました。

それゆえ、触覚が弱くなってしまっているのです。

全天の星々は、どの星も電気的エネルギーを発しています。前ページで、お伝えしたように指はアンテナであり、その星々の情報は指から入ってきます。ですが、触覚が鈍化していると、受信能力が落ちてしまうのです。

ですから、指の状態はできる限り整えておきたいところ。指の感度を高めることで、運気アップにつながります。ちょっとしたケアで構いませんので、紹介するケアを一つでも習慣にしてみてください。

指ケアのおすすめ習慣

- 指先を横から軽くつまんでマッサージ
- こまめに手指を洗う
- 保湿クリームで乾燥を防ぐ
- たまに大地や樹木に触れる
- 自分自身の肌をやさしく撫《な》でる
- 爪をキレイに磨く

### 指が短い

行動力があるリアリスト。大胆で細かいことは気にしない。失敗を恐れずに、目標に突き進んでいきます。スピード勝負。上下関係をあまり気にせず、人のふところに飛び込むタイプです。ただし、ガンガン動ける分、良くも悪くも人使いが荒くなりがちなので、相手への配慮も忘れずに。

### 指が長い

感受性が豊かなロマンチスト。繊細でいつも周囲に気を配ります。共感能力が高く、やさしい性格。観察力があり人の気持ちにも敏感。芸術肌で細かい作業が得意。常に空気を読んで動くタイプです。ただし、周りの人の顔色に気を使いすぎて、疲れてしまうことがあるので注意が必要です。

# 手のひらの厚みや線の状態が教えてくれること

手相は、線のあるなしが未来を教えてくれるだけではありません。実は、線を読み解く前段階の「手のひらの様子」や「線の状態」などからも、あなたがどんなタイプなのかを教えてくれるのです。

## 手のひらが厚い人

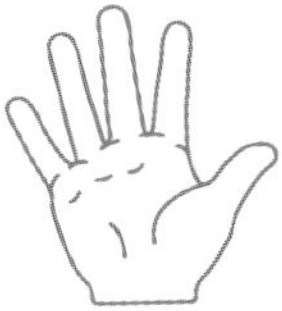

活発で明るい性格。地に足のついた現実的な考え方をするタイプなので、仕事では冷静かつ合理的な判断をします。いつもブレない安定感があり、周りに安心感を与えるため、職場では信頼を集めることが多いでしょう。また、困難な状況でも、焦らずコツコツ努力する根性と忍耐があります。長期スパンで、目標の達成に向けて行動できる人です。

## 手のひらが薄い人

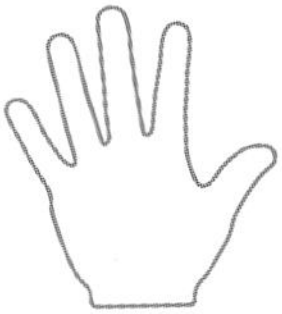

直感が鋭く、とても感情豊かに自分を表現します。芸術、音楽、文学といった創造的な分野に魅力を感じる方も多いかもしれません。これまでのやり方や価値観にとらわれない自由さや柔軟性があり、変化を楽しめるタイプ。環境が変わっても、新しいものにスッとなじめる素質があります。先入観なく判断し、臨機応変に行動できる人です。

## 線が多い人

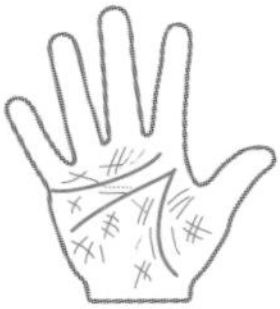

主な線のほかに、手のひらに細かいシワのような線がたくさんある人は、デリケートで繊細な心の持ち主。行動する前からリスクを考える思慮深いタイプです。普段から細かいことに気を遣う分だけ、洞察力や直感力に秀でています。クリエイティブな感性や、感情表現の豊かさが魅力に映る場面もあるでしょう。

## 線が濃い

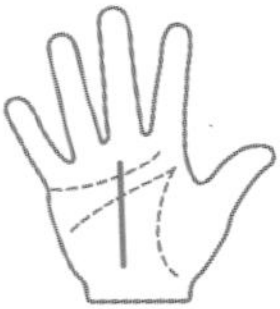

線が太くてハッキリしている手相のこと。全体的に線が濃い人は、考え方や価値観をしっかり持っているタイプが多いです。特定の線が濃いのは、その線の意味合いがその人の特徴を表していたり、こだわりが強いことを示していたりします。濃い線が出ている部分は、その丘の意味も強くなります。

## 線が少ない人

手のひらに細かい線が少ない人は、おおざっぱな性格で、物事をシンプルに捉える傾向があります。良くも悪くも物事を深く考えないため、「なんとかなるさ」という楽天的な発想で、大胆に行動します。考え方のスケールが大きく、人に対しても裏表なく接するタイプなので、好印象を持たれることが多々あるでしょう。

## 線が薄い

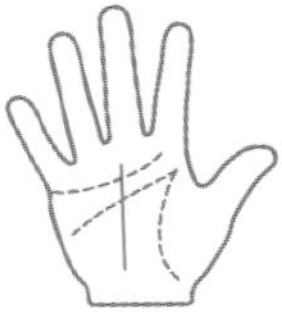

線が細くてわかりづらく、弱々しい手相のこと。まず、全体的に線が薄い人は、あまり自己主張をせず、周りの人の意見をよく聞く傾向にあります。線が薄いからといって、運気が弱いとか、薄っぺらい人生を歩んでいるというワケではありませんのでご安心を。また、特定の線だけが薄いのは、その線の持つ意味合いが弱いことを表しています。

# 基本の4つの線

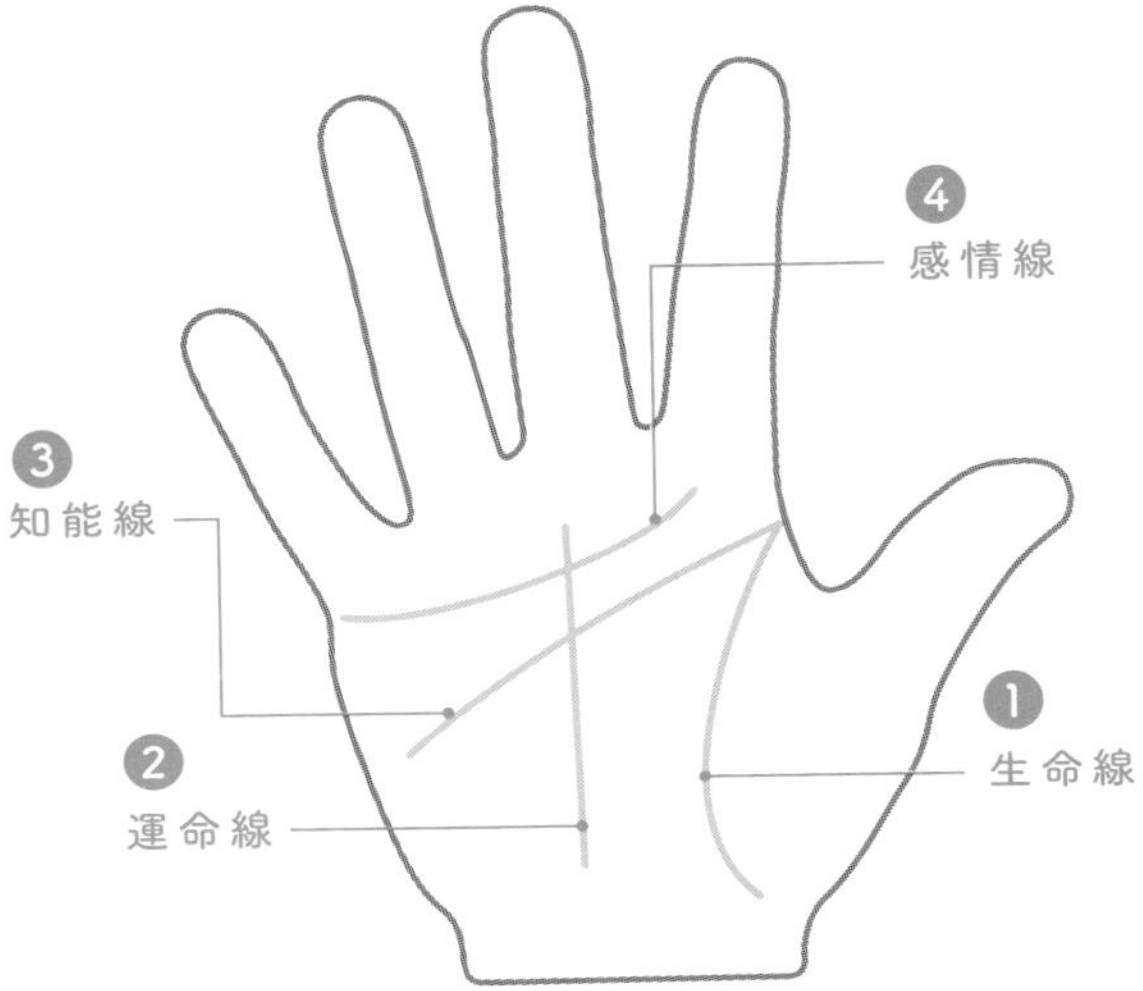


## 誰の手にもある基本線

手のひらを見ると、左右のどちらにも、太くて長い線が3本出ているはずです。それらは「生命線」「知能線」「感情線」です。線の位置や形、本数、太さや長さなどに個人差はありますが、この3線は誰の手相にも共通しています。さらにもう一つ、手のひらの中央を昇るのが「運命線」です。これも基本の線ですが、若いうちは薄くて目立たないこともあり、現れ方に個人差があります。まずは、あなた自身の手と照らし合わせてみてください。

## ❶ 生命線

その人の生命力や健康状態、体力やバイタリティといった心身の強さを表します。身体の弱点や病気の傾向もわかります。そこから派生して、向いている職業や、人生の波（浮き沈み）などを読み解くことができる。手相において最も重要な線とされます。

## ❷ 運命線

運命の大きな潮流や、転換期を示す線。就職、起業、転職、結婚など、運気が開けるタイミングを見ることができます。ただし、現代は働き方やライフスタイルが多様化しているため、転機の時期などは一概に判断しづらくなっています。他の3線も併せて総合的に見ていきましょう。

## ❸ 知能線

頭脳線とも呼ばれます。その人の考え方の傾向や、判断力、記憶力、クリエイティビティなど、どんな才能を秘めているのかを示します。考え方のクセを理解することで生きづらさの解消にもなるでしょう。また、自分の性格の活かし方や、適職を知りたいときにも参考になります。

## ❹ 感情線

人間性や本心が表れる線です。感情のエネルギーの強さ、愛情の深さ、感受性、自己表現の傾向を読み解くことができます。人の感情の動きは、人生経験や思考のクセと密接につながっているため、生命線、知能線と併せて見ることが大事です。

基本の線 1

# 生命線

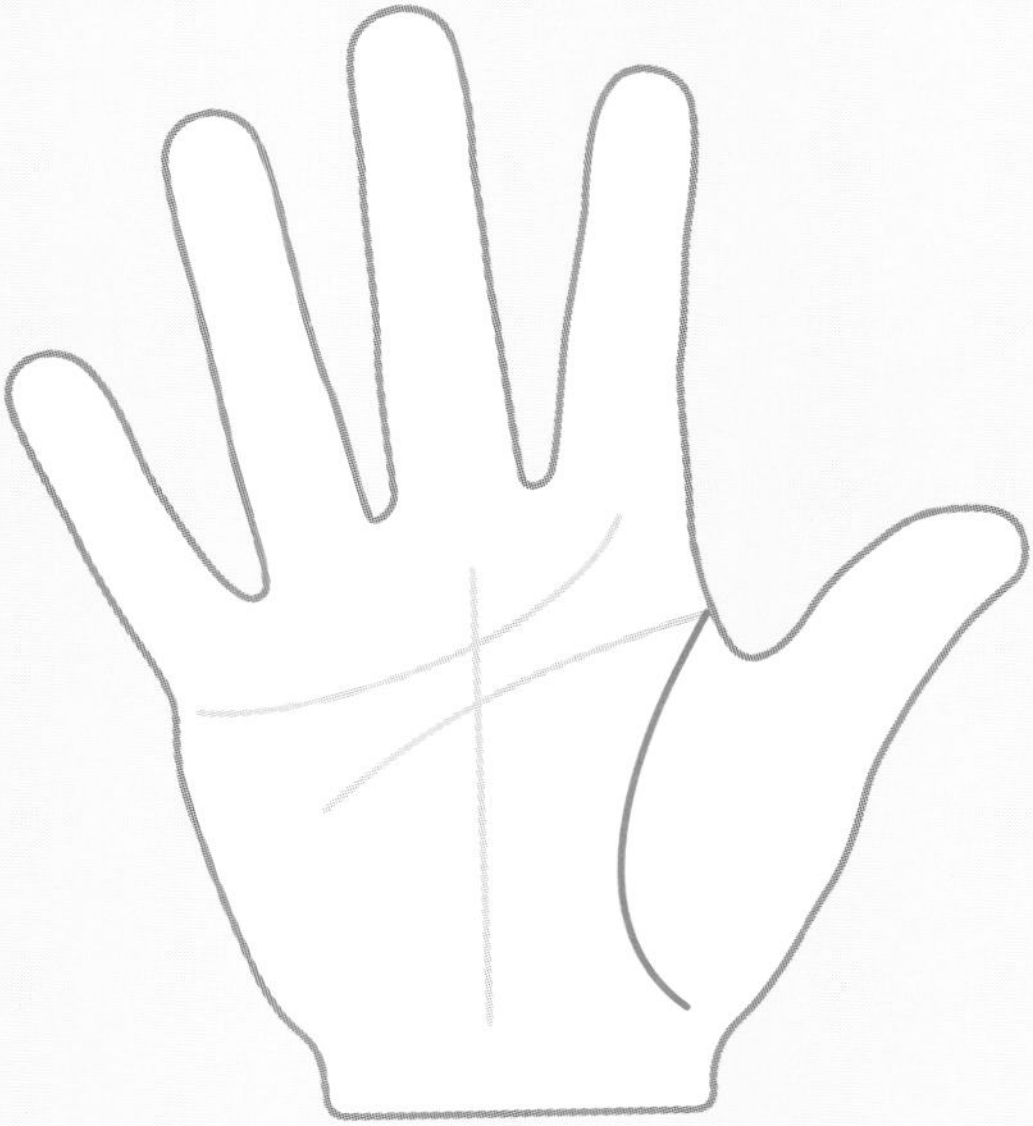

## 体力・気力・生命力がわかる

生命線は、手相の中で一番大事な線です。ここでいう体力とは、身体的な健康の度合いのこと。気力は、精神的な健康の度合いを表します。その両方にまたがる健康面全般の度合いが、生命力ということになります。

生命線を通して、体力や健康状態、寿命、情熱など、その人の心身の基本から、恋愛、結婚、離婚の年、そこに至るまでの過程、その他、仕事での転機も含めて、人生での大きな出来事について知ることができます。過去、そして未来の人生のストーリーが描かれている線です。

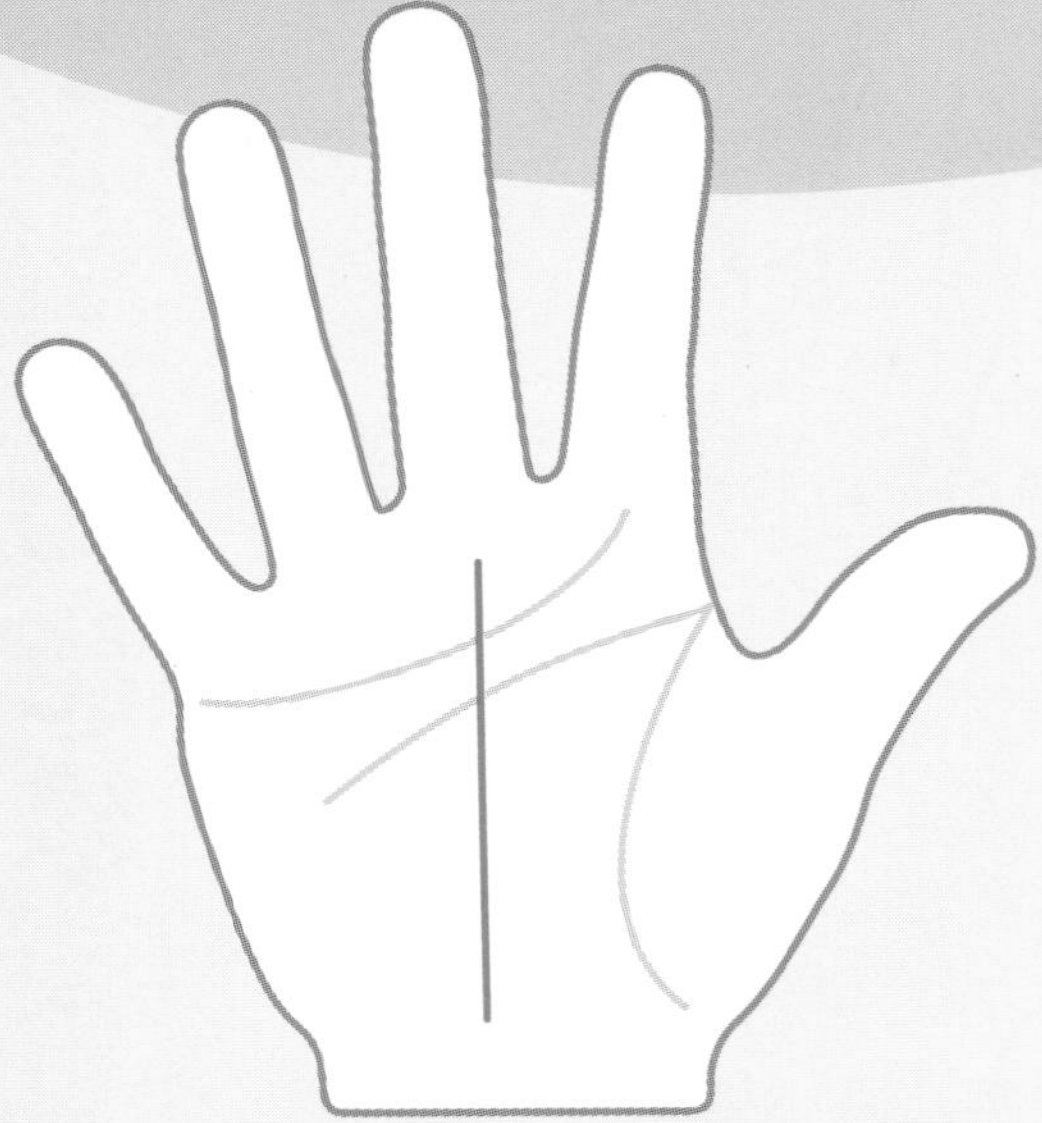

基本の線 2

# 運命線

## その人のパワーと人生の転換期がわかる

生命線に次いで、人生のシナリオを教えてくれる線です。ターニングポイントとなる出来事や、環境の変化、運勢の流れなどが示されています。具体的には、その線を持つ人の社会的な実力、例えば仕事面が順調か不調か、周囲の人たちとの人間関係はどうか、といったことから、恋人と出会う時期や結婚の年、支援者の出現など。また、困難が訪れる時期を事前に知ることで、いち早く回避策を打ち立てることができます。

また、運命線の太さや勢さ、濃さ、薄さからも、人生の充実度や心の状態を読み取ることができます。

基本の線 3

# 知能線

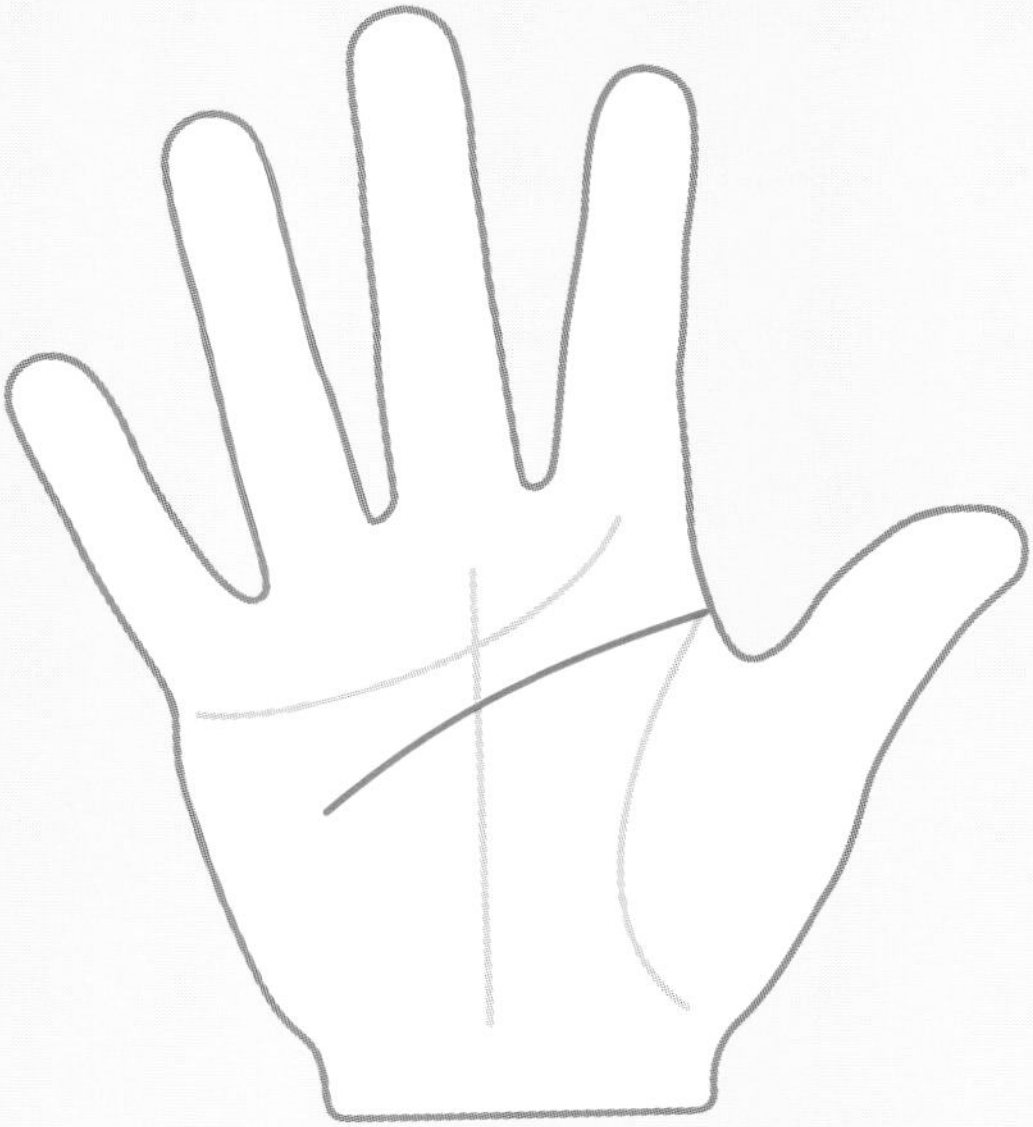

## 性格・才能・適職がわかる

その人の能力や知力に関することが示される線。思考力、判断力、集中力、創造性などを表しています。生まれつきの性格や、秘めた才能を読み解くこともできます。線が長い人はじっくり考える傾向にあり、短い人は決断が早いともいわれます。また、積極的か消極的か、まじめか奔放《ほんぽう》か、といった考え方の性質もわかります。

知能線を通じて自分の適性を知ると、向いている職業などを見つけるヒントになります。能力を意識的に伸ばすことができ、活躍の場が増えていくでしょう。

基本の線 4

# 感情線

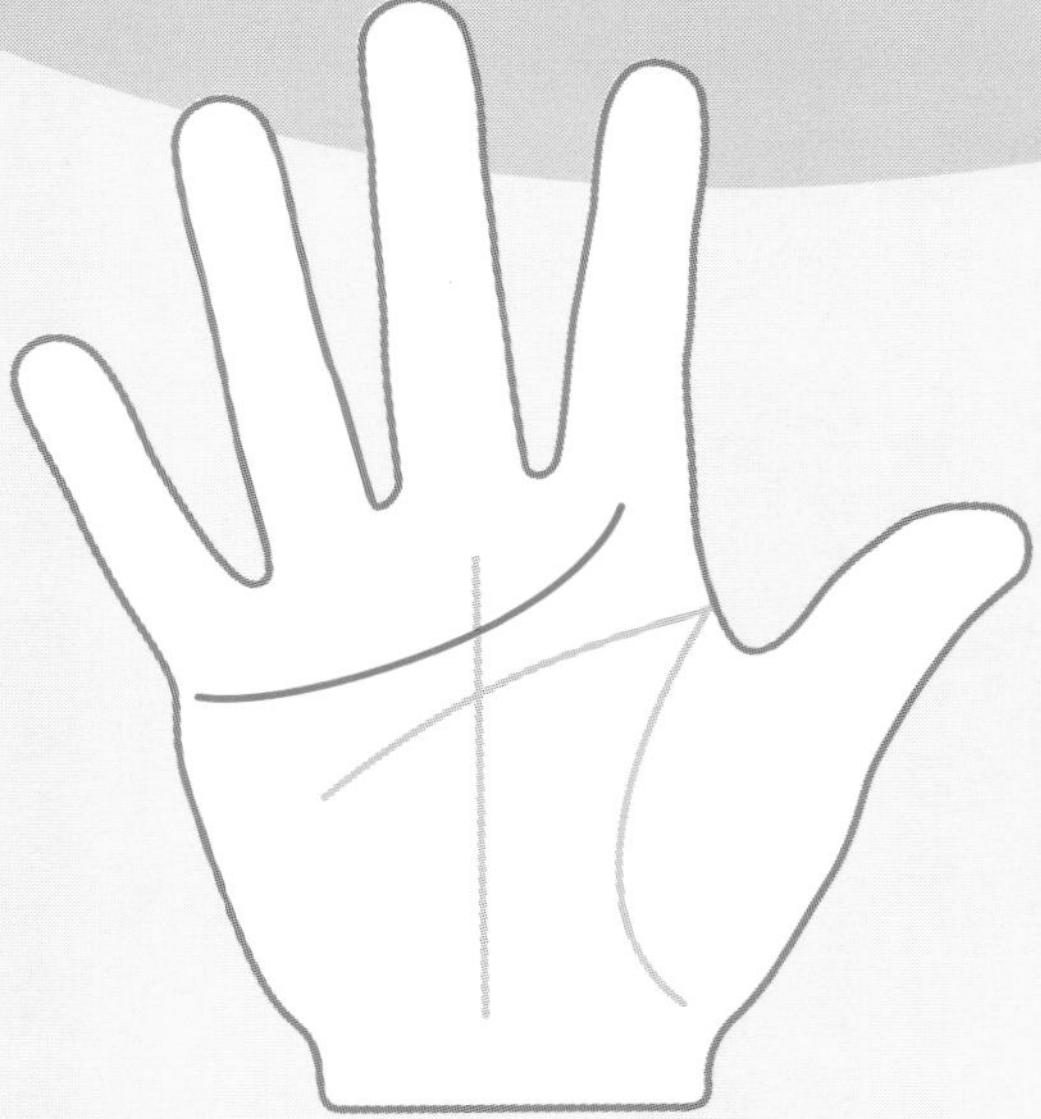

## 感情・人への接し方がわかる

感情に関することが示されている線。自分の感情や愛情表現の仕方、性格が表れます。また、恋愛は感情が動きやすいので、どんな傾向の恋愛をするかもわかります。他の基本線よりもみだれやすいのが特徴。みだれが多い人ほど、感情の起伏が激しいことを意味します。感情線がまっすぐな人ほど、ストレートに感情を表し、曲線の人は細やかな感情表現をします。

感情線を見ると、自分の性格を客観的に知ることができるので、より自分自身への理解が深まります。人とのコミュニケーションを取るときに役立ててみましょう。

# 過去・未来を見る「流年法《りゅうねんほう》」

恋愛、結婚、就職、転職、病気など、運気の大きな変わり目は何歳のときにくるのか？　それらを知ることができるのが、「流年法」です。なんと現実的な変化はもちろん、考え方や心境など、精神的な変化まで詳しく知ることができるのです。

生命線・運命線・知能線・感情線の基本の４線には、それぞれどの位置が何歳を表すかの基準があります。この基準のことを「流年」といい、他の線が交わる位置や向きから、何歳で何が起こるのかを読み解きます。

ただ、生命線と運命線の流年を見れば、基本的なことはカバーできますから、本書ではこの２線の流年の見方を解説します。

## 北極流の流年の捉え方：いい線、悪い線はない

流年法は、「何歳のときに病気をしましたね」とか「何歳で結婚しますよ」とか、正確に時期を当てることばかり注目されがちです。しかし、本当に大事なのは、転機

が訪れるまでに、何を心がけて、どう向き合うかです。

「近い将来、いい出会いがある」という線が出ていたとします。しかし、浮かれて何も準備していなかったら、大した出会いにはなりません。日々、自分の悪いクセや心の弱さと向き合い、誰かのために一生懸命になって徳を積んでいるからこそ、人生を大きく変えるような運命的な出会いが訪れるのです。

たとえ、病気や別れといったネガティブな線があっても、向き合い方次第で、未来は変わります。ですので北極流の鑑定では、その人の未来が良くなるために心がけるべきことや、具体的な行動をお伝えすることに、重きを置いています。

## 正確さよりおおまかな流れを見よう

流年は、「いつ、何が起こるか」を正確に知るよりも、おおまかな見方を理解して、転機がくる年齢をだいたい予測できれば大丈夫です。人生の大きな流れを見ることで、今何をすべきかがおのずと見えてくるのです。

最高の未来に向けて、運命を変えていきましょう！

# 生命線の流年の見方

生命線の流年は、まず人差し指の付け根の幅を、生命線の上に取った場所を20歳とします。その幅を生命線上に続けて取っていき、順番におおよそ30歳、40歳、55歳、80歳とします。生命線の始まりが15歳で、終わりが１００歳になります。

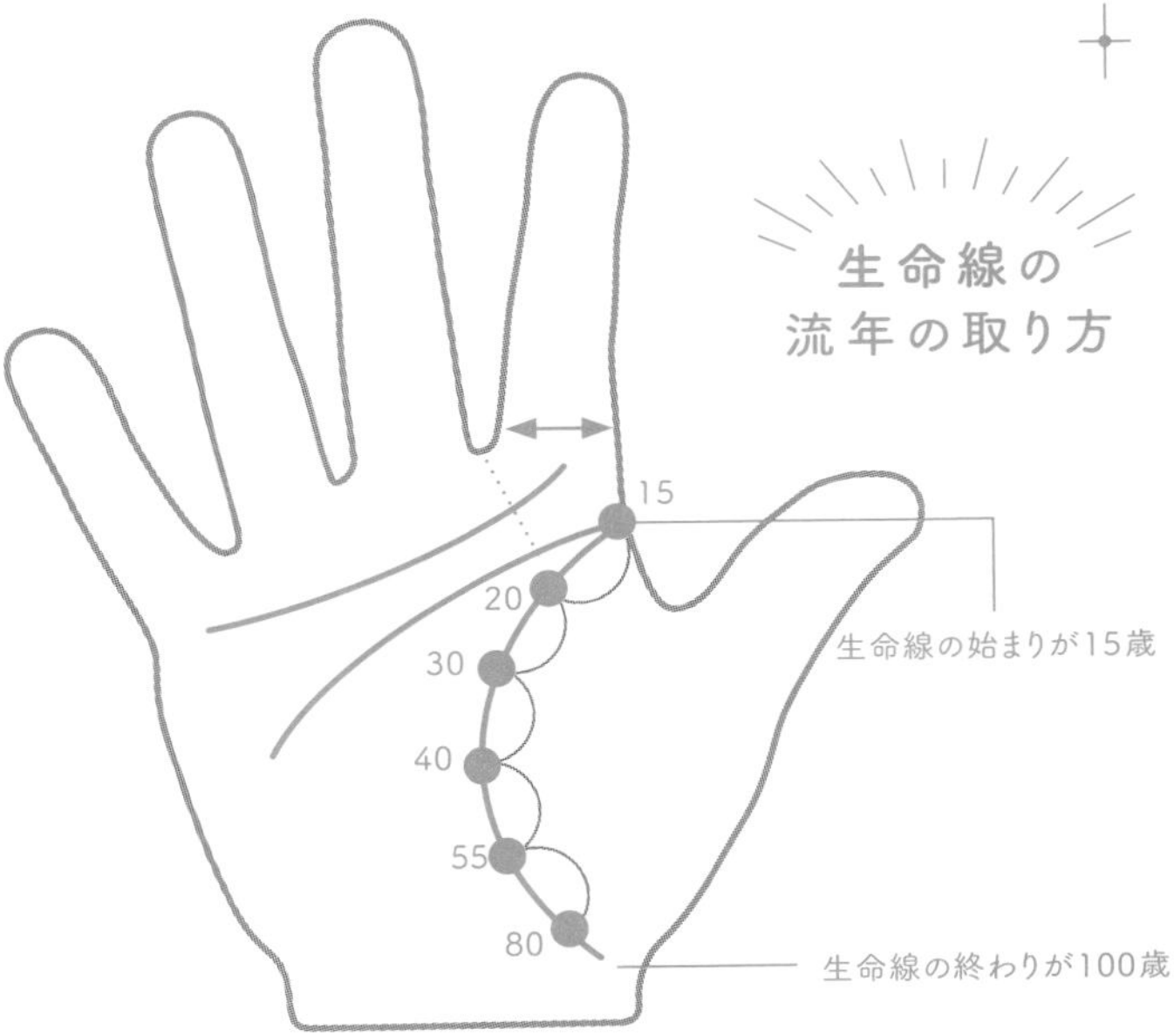

## 運命線の流年の見方

運命線の流年は、手首の線から始まり、中指の付け根までで見ていきます。中指の付け根が100歳で、手首の線から中指の付け根までを四分割し、下から21歳、30歳、50歳としていきます。全体の中間が30歳です。感情線と運命線がぶつかるところが35歳あたりです。

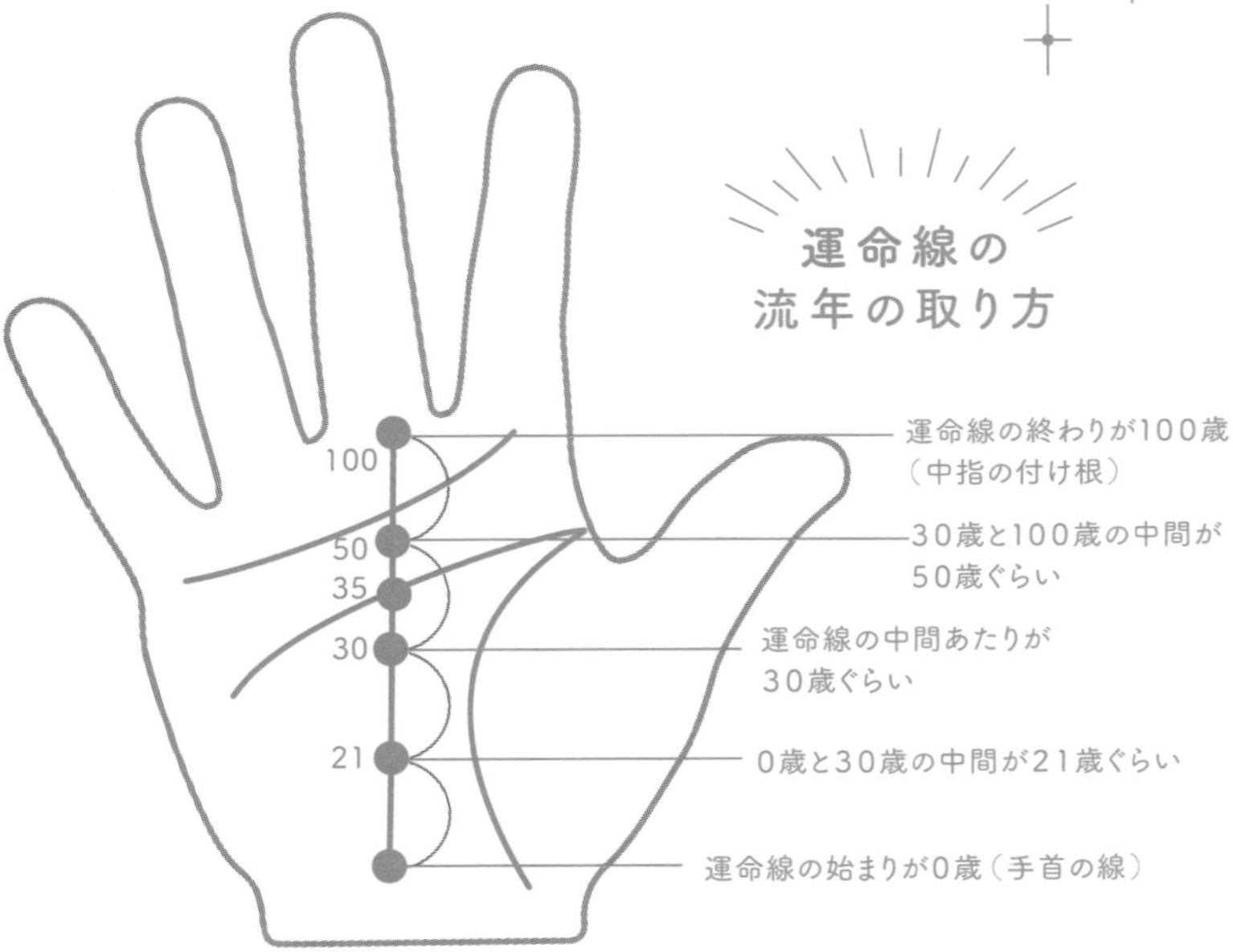

流年の線 1

# ギフト線

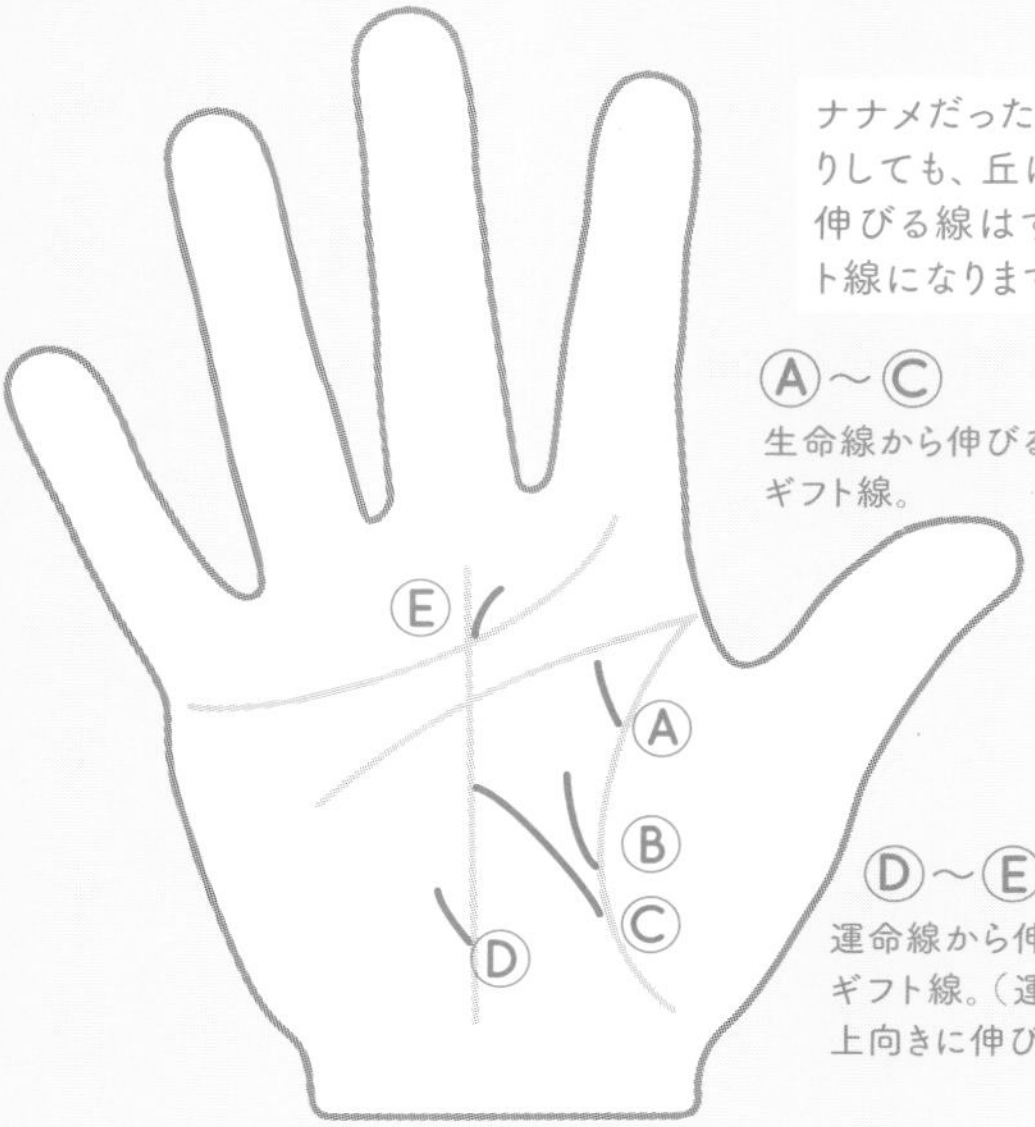
ナナメだったり短かったりしても、丘に向かって伸びる線はすべてギフト線になります。
運命線から伸びるギフト線。（運命線から上向きに伸びる線）


生命線・運命線から始まって、タテにのぼる上向きの線が現れるのは、神様からのギフトがきて、開運するタイミング。

左手に出ていたら、精神的・内的なギフトを授かります。悩んできた疑問が氷解したり、眠っていた才能が開花したり。右手なら、運命の人との出会いがあったり、仕事で成功したりといった、成果・結果が出るサインになります。

ギフト線がなくても努力を続けたら現れることもありますし、ギフト線があっても、油断をすると消えてしまうことがあります。積んだ徳分（運の貯金）を、その人に合ったギフトに変えてくださるのが神様の働きです。ギフト線があっても、さらに徳を積んでいけば、予想を超えた飛躍《ひやく》が待っているでしょう。

流年の線 2

# トライ線

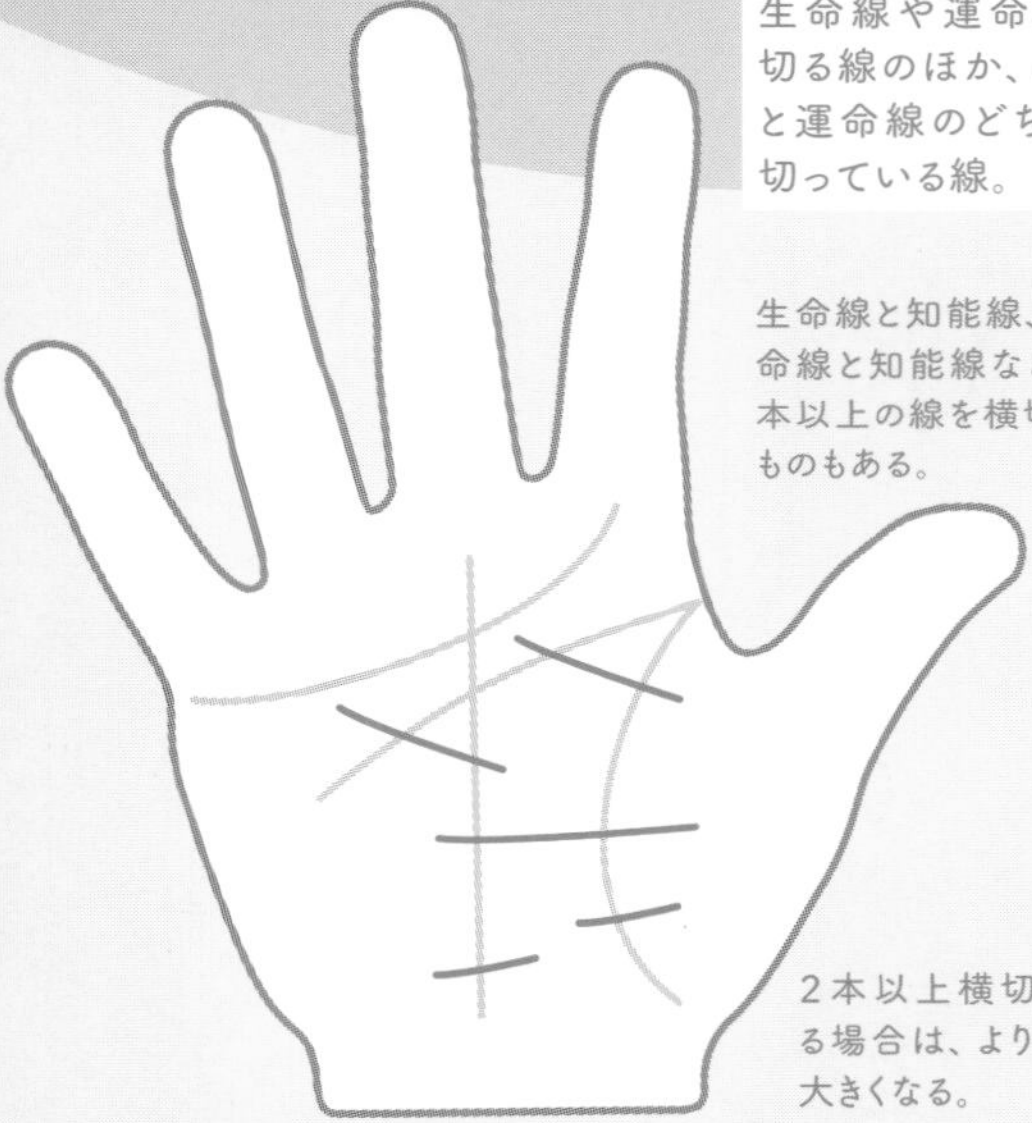
生命線や運命線を横切る線のほか、生命線と運命線のどちらも横切っている線。
生命線と知能線、運命線と知能線など2本以上の線を横切るものもある。
2本以上横切っている場合は、より試練が大きくなる。

生命線や運命線を横切るように通る線が現れる場所は、神様から挑戦（トライ）の機会が与えられる時期です。これは、神様からの愛のムチ。つらい経験や苦しい出来事を通して、神様はわたしたちに「あなたはこれと向き合わなくてはなりませんよ」と、メッセージを送っているのです。

「この試練を通して、神様は何がいいたいんだろう？」と問いを立ててみてください。例え損することがあっても、「むしろ、徳を積むチャンスだ！」と前向きに捉えて進んでいくのがポイントです。

そのときはしんどくても、通り過ぎてみたら、「あの経験があったから、今がある」「ムダな時間ではなかった」と気づくでしょう。

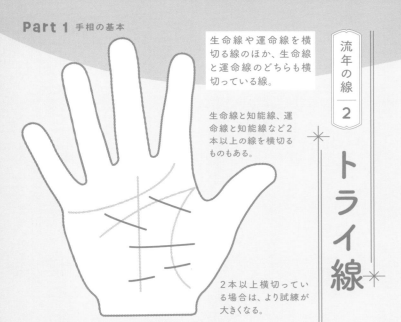

流年の線 3

# トンネル線

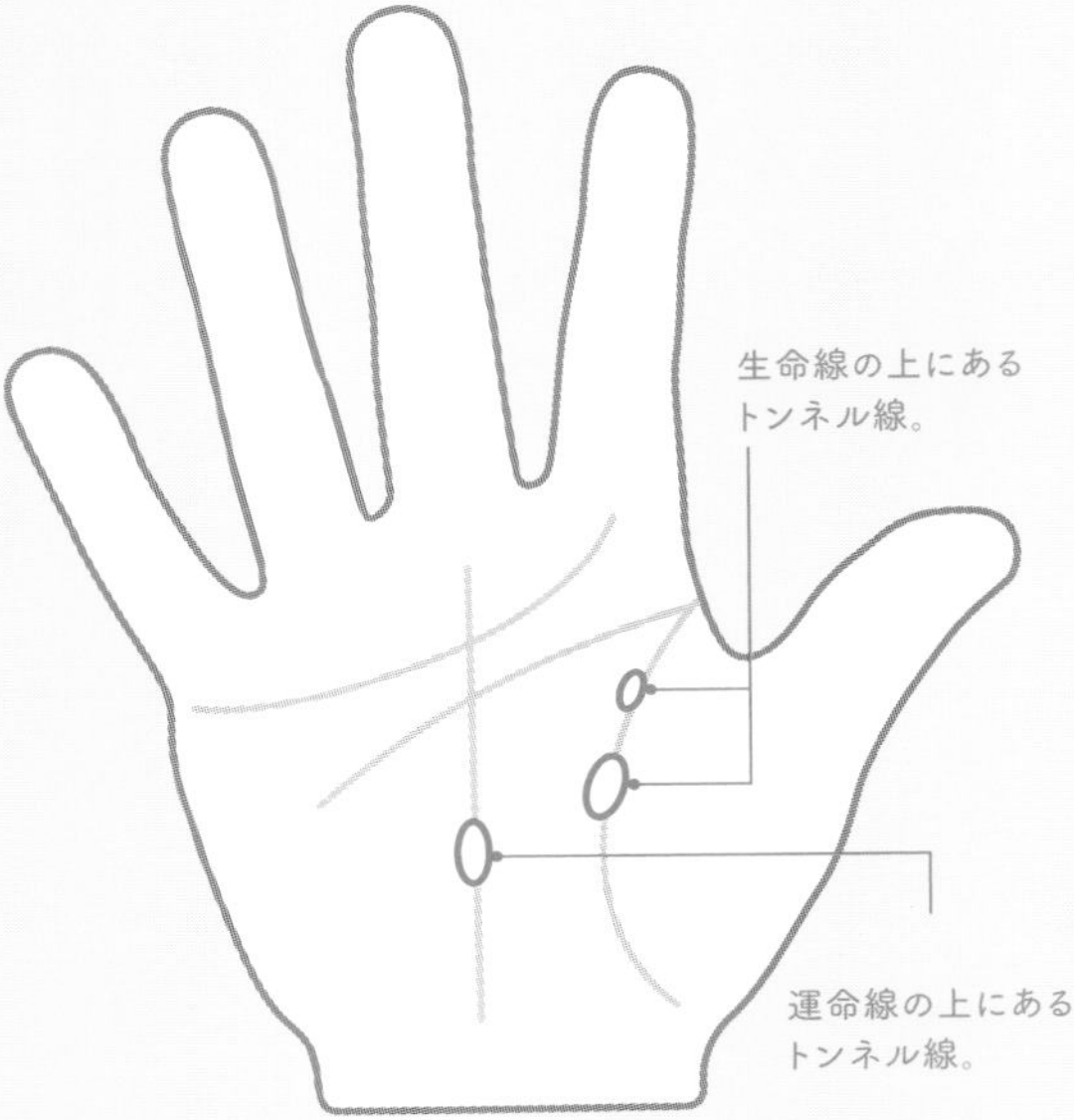
生命線の上にあるトンネル線。
運命線の上にあるトンネル線。

生命線や運命線の上に現れる、線の一部が円の形にふくらんだ「島」のような手相のこと。この線が出ている期間は、行き詰まりながら自分を磨くタイミングです。

右手にある場合は、金銭面や仕事など、現実的な苦労を表します。左手にある場合は、将来への不安や人間関係での葛藤など、精神的に耐え忍ぶことが多くなります。

これらは、一見するとイヤなことかもしれません。しかし、トンネルの時期にこそ、最も人間力が磨かれます。暗く、寂しい道のりは、自分の器を大きくするために神様から与えられたチャンスなのです。

だからこそ、目の前のことから逃げずに、真摯《しんし》に向き合いましょう。その先には、きっと明るい未来が待っています。

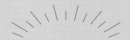

# 線を見る上での注意ポイント

## POINT 1 「はじめ」と「終わり」を見よう

タテ線や横線が多すぎて、「これはどの線なのだろう？」と迷ったら、その線のスタートと、終わりに注目しましょう。

例えば、生命線からタテに伸びている上のぼりの線は、ギフト線ですが、「この線はどの丘に向かっているのか？」をみていくと、見分けられます。

逆にタテ線でも、スタート地点が生命線でも運命線でもない場合は、ギフト線ではないと判断できるでしょう。

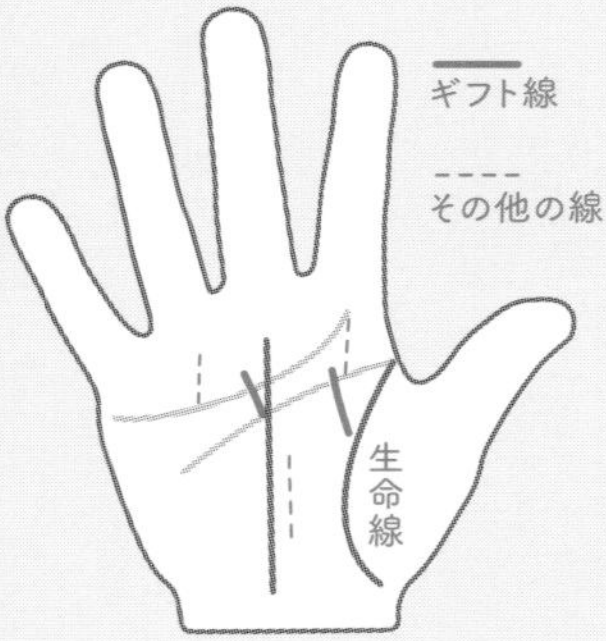


## エネルギーの流れを見よう POINT 2

「〇〇線」などと種類分けされた線の意味合いにとらわれると、エネルギーの流れがよく分からなくなります。なので、線の形で覚えるよりも、エネルギー（線）の流れを見ることを意識しましょう。

## POINT 3 トライ線と間違いやすい恋愛線

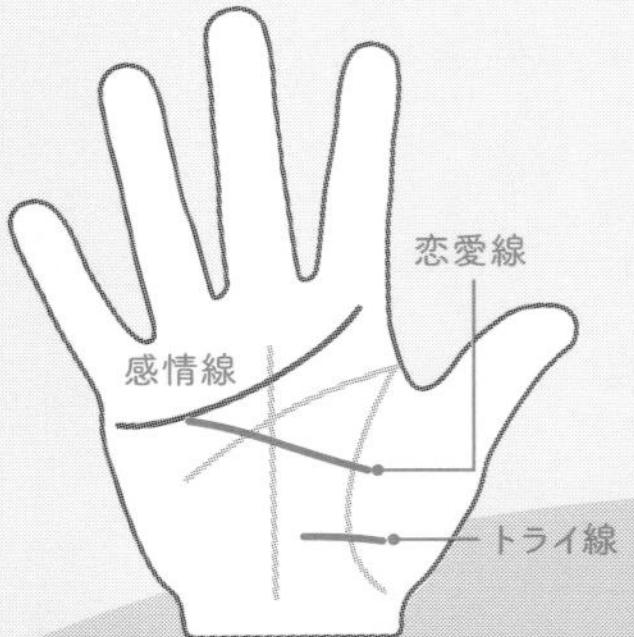


感情線から始まって生命線に流れ込んでくる線は“恋愛線”（恋愛線については、P120で詳しく紹介しています）です。同じ横線のトライ線と恋愛線はよく似ているので間違いやすい線。主に生命線の場合ですが、トライ線は運命線や生命線を横切ることで、人生のチャレンジ期間を表します。

手相あるある 1

# 恋愛線は恋愛だけじゃない!?

恋愛線といえば、「いつ恋人ができるか?」「いつ恋愛するか?」を知るのが一般的。恋愛線は、その時期に恋愛運が高まっていることを表します。しかし、実は恋愛線があっても「恋愛」につながらないケースがあるのです。

ある男性は10代後半に大恋愛をする線が出ていました。もう30歳を過ぎた彼は、当時を振り返っても、浮いた話は一切なかったといいます。当時のことを詳しく聞いてみると、お笑い芸人を目指す友人の面倒を、ずっと見ていたそうです。

「コイツの夢が叶うように、できる限りの応援をしよう」と、恋愛そっちのけで、友人の手助けをしていたのでした。「友だちを助けたい」という強い思いによって、彼の恋愛運は友人との仲が深まるように使われたのです。

ほかにも、アニメのキャラクターに恋をしたり、趣味に打ち込んだりするのにも、恋愛線のエネルギーが使われることがあります。好きなスポーツにハマる、芸術家が作品にのめり込むなども、この例です。

あなたの目的意識によって、運の使われ方が変わってくるのです。

手相あるある 2

# 生命線が短いと短命!?

生命線が短いことで、「わたしは寿命が短いのでしょうか……?」と不安になる方がいらっしゃいます。ですが、大丈夫。生命線が短いから短命、ということはありません。実は、生命線の長さと寿命には、何の因果関係もないのです。

生命線は、寿命というよりも「日々の生き方の充実度」を示します。毎日、悔いを残さずに生きているか。目の前のことに、全力を尽くせているか。叶えたい夢や目標を持って、そこに挑戦しているか。いわば、自分自身が「わたしの人生は充実しているな」と思えているかどうかが、生命線に表れるのです。

それに、たとえ生命線が短くても、線として出ていないだけで、エネルギー的には続いていることもあります。線が短いからといって、気にする必要はありません。

寿命や健康状態は生命線よりも、生命力を司る「金星丘」から判断する方がいいのです（金星丘の詳細はP82〜85ページをご覧ください）。丘の状態は、食事や運動といった生活習慣を改善することによって、大きく変えることができます。健康に不安を感じる方は、日々の過ごし方を見つめ直してみましょう。

手相あるある 3

## 運命線がない⁉

「わたしの手には運命線がなくて……人生の転機やターニングポイントは訪れないんでしょうか？」とおっしゃる方がいます。ですが、運命線はどんな人でも持っています。見えづらかったり薄かったりするだけで、ちゃんとあるのです。

運命線の出方や濃さが変わるのは、〝目的意識〟の違いです。人生における目的がハッキリしている人、明確な人は濃くなりやすいのです。線は意識の表れなので、「わたしはこう生きていくぞ！」という目的が定まったら、運命線は自然に出てくるのです。線がある、ないにとらわれず、今やるべきことに全力で打ち込みましょう。

また、運命線がハッキリしていなくても、社会的に成功するケースもあります。「これ！」という目的を持たず、良い意味で肩の力を抜いて仕事をされているからでしょう。

ほかにも、なんとなく毎日を過ごしている人や、目標を立ててもいろんなことに目移りして、一つのことが長く続かない人も運命線が薄くなりがちです。手を通して、自分の生き方を振り返ってみましょう。

手相あるある 4

## 手相に出ているけど何も起きなかった……

29歳の女性が、結婚の相談で鑑定に来られました。手相を見ると、「30歳で結婚する」という線がハッキリと出ていました。「あと一年で結婚できる！」と彼女は大喜び。30歳を迎えてからは、いつ結婚できるんだろう、と毎日心待ちにしていました。しかし、30歳を過ぎても、結婚できなかったのです。彼女はすっかり意気消沈して、再びわたしのもとに訪れました。

手相に現れる線は、その人の〝可能性〟です。「30歳で結婚する」未来はたしかにあったのです。実は、彼女はすでに、運命の相手と出会っていました。周りから見ても良い関係で、なんとプロポーズまでされていたとか。

なぜその男性と結婚しなかったかを聞くと、「顔がタイプじゃなかったから……」という言葉が。自分の好き嫌いにこだわりすぎて、人生最大のチャンスを逃してしまったのです。そのことを知った彼女は、思わず泣き崩れてしまいました。

手相に線が出ていたとしても、未来は決まっているわけではありません。ノリよくチャンスに乗っかることが、運をつかむポイントなのです。

COLUMN

## 手のひらを合わせる効能

日本人には昔から、手と手を合わせる習慣があります。

神社に行ってお祈りをするとき、誰かにお礼をいうとき、人にお願いごとをするとき、誰かにあやまるとき、お仏壇や墓前に手を合わせるとき、食事をいただくときの「いただきます」「ごちそうさまでした」をいうときなど、生活の中に合掌のポーズが見事に溶け込んでいるのがわかります。

手と手を合わせる、という行為には、異なる性質を融合するという意味合いがあります。

手相でいえば、左手は精神、右手は現実を表します。左手は神様、仏様、お天道様などを表し、右手は人間を表すともいわれます。

これは“異なる性質を融合させる”という日本人特有の習慣なのです。日本人は、昔から異なるものを和していく民族です。料理でも、イタリアン、フランス料理、中華料理など、世界の代表的料理が日本にきたら、日本風の料理になっていったように。両手を合わせると、合わないものと融合していく意識が働くのです。

昔から、日本人は、このことを無意識に理解していたのかもしれませんね。

手相も左手と右手の両方のバランスで見ていく占いですので、両手を合わせて見ていくことで、その人の人生がより深く読み解けるというのも、面白いなと思います。

# Part 2

# 毎日見よう
# 手のひらからの
# 開運メッセージ

## 開運への第一歩とは？

ここからが、本書のメインテーマ。

手相を活かして開運する方法をお伝えしていきます。

わたしがお伝えする〝開運〟とは、表面的な〝結果〟を得ることではありません。

お金持ちになる、仕事で出世する、欲しいものが手に入る、彼氏彼女ができる、結婚する、といったことは、本当の意味での〝開運〟ではない、ということです。

たしかに、そのような望みが叶えば、誰だって嬉しい。けれど、「嬉しい」は長続きしません。そのとき限りの感情です。つけ加えるなら、どんなに運がいい人でも、100％嬉しいことづくめの人生なんて、あり得ません。

ですから、開運するために目指すべきは「嬉しい」よりも上位にある感情。

それは、「清々《すがすが》しい」「誇らしい」といった世界です。

もちろん、嬉しいことが多ければいい。でもそれ以上に、嬉しいことがあろうが、なかろうが、清々しく、誇らしい自分でいられることの方がはるかに大切です。

清々しさ、誇らしさを、感じるのって、どんなときでしょうか？

自分が果たすべきことを（結果はどうあれ）やり切った！　と思えるとき、ではないでしょうか。使命に燃えている状態、ともいえます。

でも、具体的に何をすれば、自分の使命を知ることができるのか？

そう、それを教えてくれるのが〝手相〟なのです。

本書の「はじめに」でお伝えしたとおり、手には神様があなたに与えた〝使命〟が刻まれています。手を見て瞑想することで、神様からのメッセージを受け取ることができるのです。

ちなみに瞑想といえば、最近ではマインドフルネスも注目されています。〝今ここ〟に集中して、自己対話する方法です。これはたしかに、心を整える、という点で一定の効果があるでしょう。しかし、強い精神力がなければ、頭でグルグルと妄念妄想をめぐらせるだけで、かえって逆効果になることもあります。それに、単に瞑想するだけでは、開運への道しるべにはなりません。ところが、手を見ながら瞑想することで、開運への道すじを知ることができるのです。

## 手のひらに描かれた開運マップ

実は手のひらは、あなたが開運へ向かうルートを示した地図になっています。

そのスタート地点が手首。

そして、道しるべになっているのが「丘」なのです。

手首と手のひらをつなぐ、中央を「地丘《ちきゅう》」といいます。これは文字どおり「地球」のエネルギーを受ける丘です。

ここから出発して、手首から指先の方へ進んでいく。そのときに、左右にある8つの丘を越えていきます。これは人生で学ぶべき8つのテーマを示しているのです。

ここで一つ、知っていただきたいのは「丘は左右で対《つい》になっている」ということです。左の図のように、金星丘と月丘、2つの火星丘、木星丘と水星丘、土星丘と太陽丘が、中指と薬指の間を境にして、対《つい》になっているのです。

親指側の、金星丘、火星丘、木星丘、土星丘は、自力的なエネルギー。

小指側の、月丘、火星丘、水星丘、太陽丘は、他力的なエネルギーです。

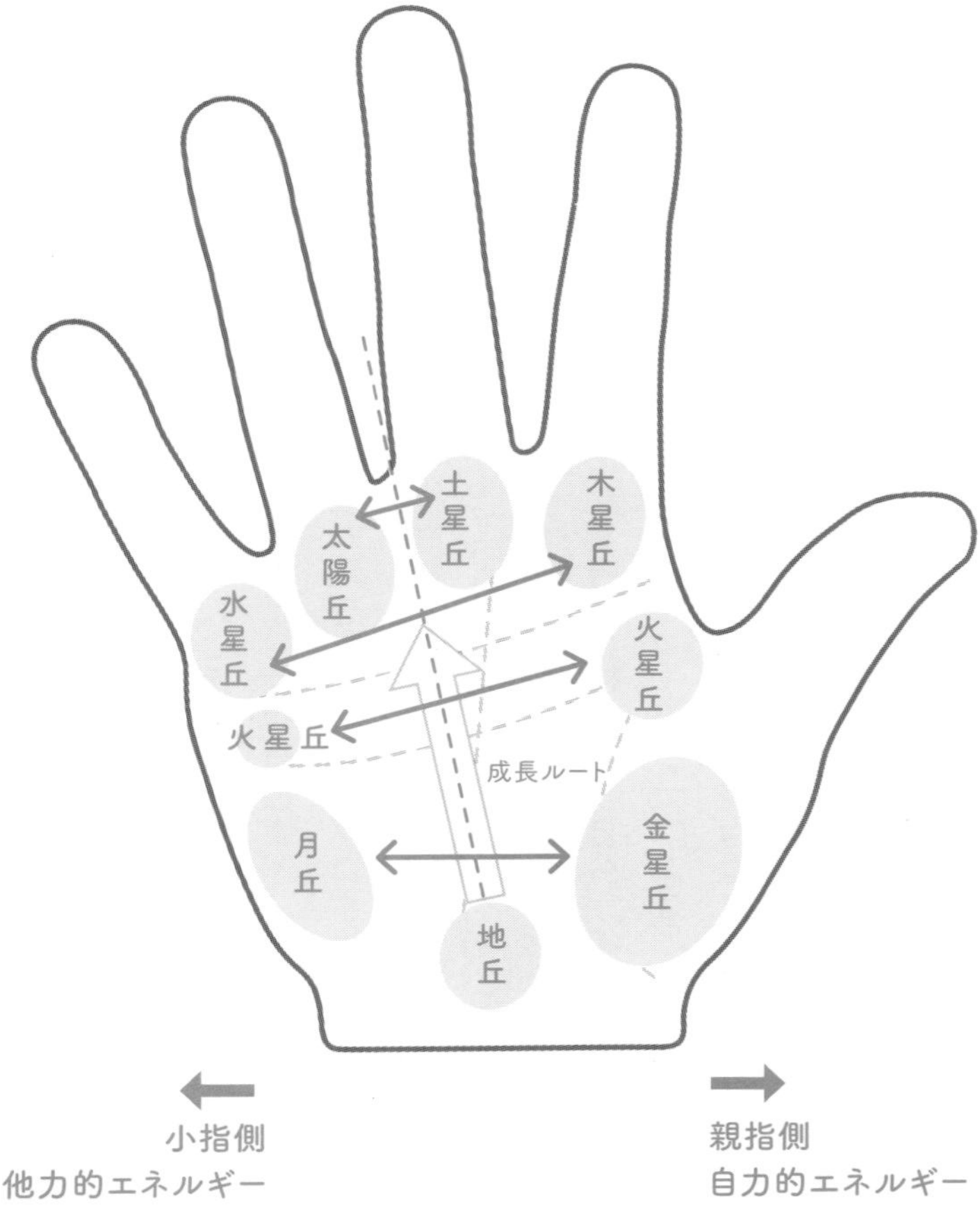
土星丘
木星丘
太陽丘
水星丘
火星丘
火星丘
成長ルート
月丘
金星丘
地丘
小指側
他力的エネルギー
親指側
自力的エネルギー

対になっている丘と丘は、それぞれが示すテーマもまた、対称的になっています。まず、金星丘と月丘。金星丘は、内からわき上がる愛情のエネルギー。月丘は、外からやってくる直感のエネルギーです。

金星丘が強い人は、人の面倒を見たり、人に尽くしたり、与えることに喜びを感じます。その奉仕の精神はすばらしいのですが、甘やかしすぎたら、むしろ、人をダメにしてしまうことも。また、自己犠牲が過ぎて、自分がボロボロになることもあるでしょう。

そこで意識すべきは、対となる月丘のテーマ。すなわち、与えるべきときには与え、そうでないときには待つ。この判断をくだす直感力なのです。

逆に、月丘が強い人は、いくら直感が冴えていても、自分が得することばかり考えていたら、魅力に欠けてしまいます。ですから、金星丘の「愛情・奉仕」が必要です。

このように、対になる性質は、どちらが良い、悪いではなく、バランスが肝心。右に寄ったり、左に寄ったり、両方を経験しながら、ちょうどいい塩梅を身につけていく。それこそが、手相に示された、成長の道すじなのです。

火星丘も、左右で同じ名前の丘ではありますが、自分との闘いなのか（自制）、相手との闘いなのか（闘争・競争）によって、意味が対になっています。

木星丘が強い人は、向上心があって努力家です。黙って行動するタイプ。

水星丘が強い人は、人たらし。人の助けを借りることで、運を引き寄せるタイプ。

これらも正反対ですが、物事を成し遂げるには、どちらの要素も大切です。

コツコツと続ける土星丘のエネルギーと、ノリとひらめきでパッと動ける太陽丘のエネルギー。これまた正反対ですが、どちらも発展するには重要なこと。

このように、人の成長とはまっすぐ進むのではなく、まるで螺旋《らせん》を描くように、左右にふれながら伸びていくのです。

得てして人生というのは、自分の課題を超えたと思ったら、また同じような失敗やトラブルにみまわれます。「また同じミスをしちゃった……」と落ち込みがちですが、実はそうやって揺れながら、一段一段、成長しているのです。それぞれの丘のテーマを超えて成長するエネルギーが集まると、運命線として現れます。ゆえに、勢いよく上に伸びる運命線は開運の証といわれるのです。

## 秘伝！　運が開ける「御鏡御拝《みかがみぎょはい》の法」

ではいよいよ、手のひらから開運メッセージを受け取る方法をお伝えします。

〝手のひらを鏡にして自分を見つめる〟という瞑想法です。

わたしはそれを「御鏡御拝の法」と呼んでいます。この名は、もともと宮中《きゅうちゅう》にて行われていた神道の行法に由来《ゆらい》します。

やり方は、下図にまとめました。まず、両手を合わせて神様にお祈りします。次に、手のひらの中央に八角形の鏡があると見立て

### 運が開ける御鏡御拝の法

**1** 両手を合わせる

**2** 「神様、手を通して、今の自分に必要なメッセージをお与えください」と目を閉じて1分ほどお祈りする

**3** 両手の感情線をつなげるように手を開き、手のひらの中央の八角形の鏡に自分の顔がうつるイメージをする

**4** 約10秒間、手のひらを見つめて、エネルギーの強い丘、弱い丘を感じ取る（目に飛び込んでくる感覚）

て、自分の顔が映っているとイメージします。そして、パッと目を開けて、そのときにどの丘のエネルギーが強いか、感じてみてください。思考をはさまずに、目に飛び込んできた印象が、そのときのあなたに必要なメッセージを与えてくれています。

丘を見たときに、盛り上がっているところ、目立つところは、その丘の惑星からのエネルギーを強く受けています。反対に、元気がないところ、目がいかないところは、あまりエネルギーがない丘です。

5

強い丘、弱い丘のテーマを意識して日常を過ごす

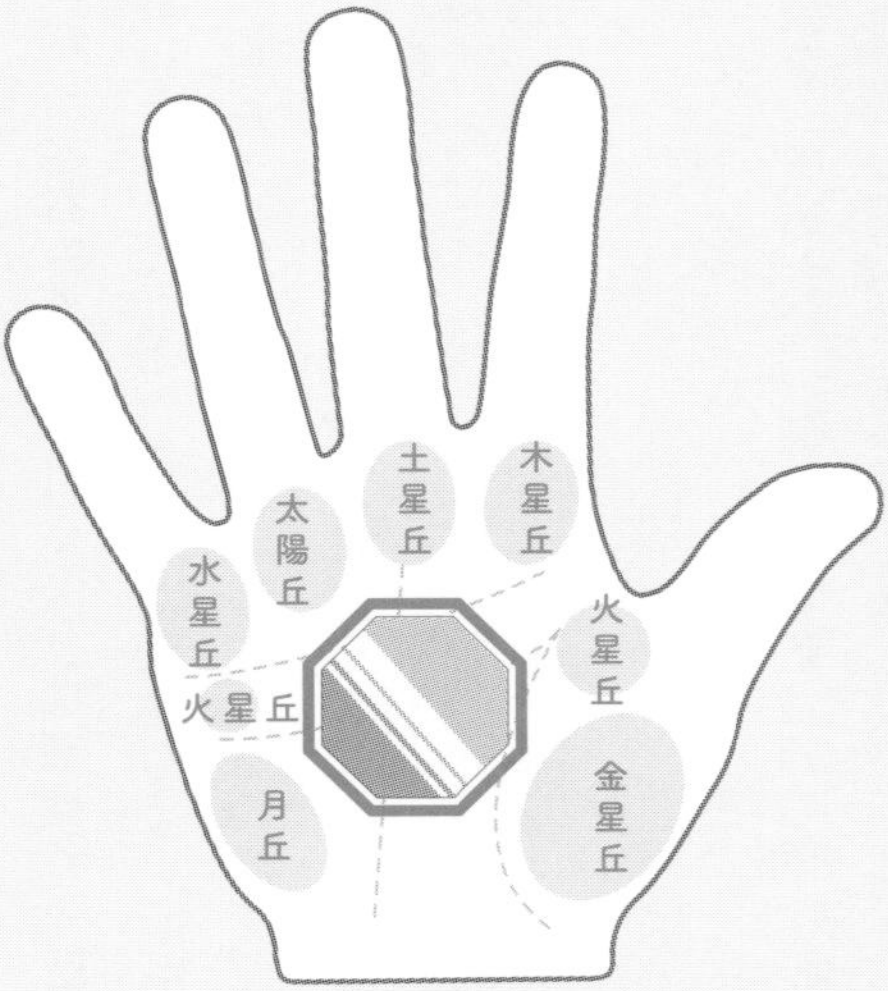


6

よくない印象が浮かんできたら、まばゆい太陽の光をイメージして「トホカミエミタメ」「アマテラスオオミカミ」「寿」を繰り返し唱える

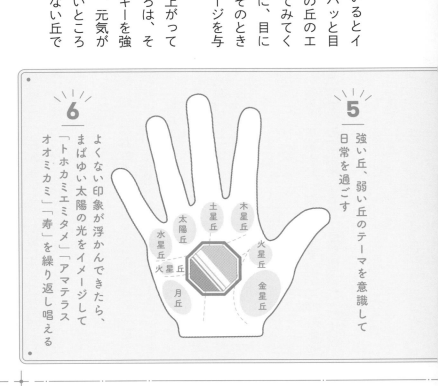

この「御鏡御拝の法」をして、「今日は、○○丘が強いな」と感じたら、P84〜P109にある、その丘の「開運3箇条」を読んでみてください。また逆に、「○○丘が弱いな」と感じたら、同じページにある「○○丘が弱い人が気を付けること」のテーマを意識して過ごしましょう。

丘の強さは、毎日のように変わりますから、おみくじを引くような感覚で一日一回、見ることをおすすめします。それを続けていくうちに、手相が変化していることに気がつくでしょう。その変化こそが、あなたの〝今〟を映し出しているのです。

先ほども書きましたが、人の成長は、正解に向かって一直線に進むのではありません。螺旋のように、右に左に振れながら伸びていくものです。そうして太陽系惑星すべてのエネルギーを受けると、最終的には、偏《かたよ》りがなく、角《かど》がない、円満な人格が作られていきます。

その完成された姿のことを「天照大神《アマテラスオオミカミ》」というのです。

本来の御鏡御拝とは、鏡に映る自らの姿を、天照大神の御神体に見立てて拝《おが》むことです。なぜ鏡を拝むのかというと、自分の中にある「我（エゴ、自意識、こだわり）」を手放すためです。神道では、「我（が）」を抜いたとき、人の精神は神様に近づくとされてきました。

だから「鏡（かがみ）」－「我（が）」＝「神（かみ）」になるのです。

「御鏡御拝」は、もともとは天皇のみに許されていた行法でした。しかし、神器の鏡がなくとも、手を鏡に見立てれば、どなたでもできます。

もし、手を眺めているときに、よくない印象が浮かんできたら、次のいずれかの呪文を唱えるようにしてください。

「トホカミエミタメ」

「アマテラスオオミカミ」

「コトブキ（寿）」

まばゆい太陽の光をイメージしながら、明るく、軽く、あたたかい気持ちになるまで、繰り返し唱えます。以上が、御鏡御拝の法です。このようにして自分を見つめ直すことを、ぜひ習慣化してみてください。日々、繰り返すことで、手相が変わっていくとともに、必ずあなたの運は開けていきます。

## 丘からのメッセージを受け取るための、日々の習慣

手のひらからメッセージを受け取るためには、自分の状態を整えることが大切です。邪気（ネガティブなエネルギー）を受けてしまうと、固定観念や思い込みで手を見たり、感覚が鈍ったりしてしまうことも。そこで大事なのが、〝浄化〟の習慣です。手相を見るために、しっかり自分自身をメンテナンスして、邪気を心身に溜め込まないようにしましょう。ここからは、おすすめの浄化の仕方をいくつかご紹介します。

### • 目を浄化する「目洗い」

手相は手を見たときの印象が大事なので、目も浄化するようにしましょう。

「洗眼カップ」のような小さな容器に、水を入れて、塩を一つまみ加えます（生理食塩水の塩分濃度が目安）。このときに使う水と塩は、できるだけ良質なものを選びましょう。容器を目にあてたら片目ずつ目をパチパチさせ、邪気を洗い流します。

### • 関節の邪気を祓《はら》う「手首回し」

邪気は関節に溜まりやすいので、こまめに手首を回しましょう。回すときは、脱力して、それほど力を入れずに手を動かすのがポイントです。関節を回すことで、身体の〝気〟も回るようになります。

・手の邪気を祓う「手洗い」

邪気は手から身体に入ってくることが多いので、手洗いによって浄化します。手だけではなく、肘から指先までをゆっくりと撫《な》でるように洗っていきます。指先から邪気が出ていくようなイメージをすると、より浄化力が高まります。

・手の邪気を祓う「パス」

どこでも簡単にできる浄化が、〝パス〟という方法です。

親指が上にくるようにして、手を自分の前にまっすぐ伸ばします。手を伸ばしたら、もう片方の手で肩か

ら手までをスーッと撫でていきます。このとき、肩から下がってきた邪気が、親指の先を通って身体の外に出ていくイメージをしましょう。スッキリしたな、と思うまで続けてみてください。

・お風呂で〝禊《みそぎ》〟をする「酒風呂」

酒風呂は、身体の疲れが取れるだけでなく、全身に溜まった邪気も浄化してくれます。まず、湯船をキレイに掃除し、日本酒（純米料理酒「福来純」がおすすめ）をコップ一杯、天然塩を一握り、湯船に入れます。

湯船に浸かったら、両手を合わせて、「水の神様、どうかわたしの心身から、すべての邪気やネガティブな感情を取り除いてください」と唱えます。そして、身体から黒い煙のようなものが、お湯に溶け出していくイ

メージをします。

### ・頭の邪気を祓う「盛り塩」

頭頂には、百会《ひゃくえ》という万能のツボがあり、ここを浄化すると全身の調子が整います。天然塩（「キパワーソルト」がおすすめ）を一つまみ、頭のてっぺんに乗せてお風呂に浸かります。そのとき、頭に溜まった邪気を、塩が吸い取ってくれるイメージをします。15分ほどお湯に浸かったあと、シャワーで頭の上から全身を流して完了です。酒風呂と合わせて行うと、より効果的です。

こちらで紹介した純米料理酒「福来純」と「キパワーソルト」は、いずれも「ゆにわマート」店頭およびオンラインショップで購入できます。

## 愛情・奉仕を司る

# 金星丘エネルギー

Key word

★愛情　★芸術
★健康　★家庭
★美的感受性
★人生を楽しむ力

### 金星丘のエネルギーが強い人

いきいきとした生命力にあふれ、愛情深いことが特徴です。愛情の深さは、生まれ持った性質もありますが、これまでに受けた愛の大きさに、ある程度、比例します。ですから金星丘のエネルギーが強い人は、家庭や周りの人に恵まれてきた証でもあります。

性格は癒し系で世話好き。与えることに喜びを感じ、誰かのために動いたり、人の面倒を見たりするのが苦になりません。サービス精神が旺盛で、困っている人がいたら、手を差し伸べる人のよさがあります。

また、美的センスに優れ、感受性が豊か。人情の機微《きび》や場の雰囲気などを、敏感にキャッチする繊細さを持っています。それらの才能が結びつけば、独創的な作品や文化を作り上げるでしょう。

金星は、別名「ルシフェル」と呼ばれますが、これは「光をもたらす者」という意味。愛情の光そのものとなり、関わる人たちを照らしていく。そんな存在となるのがゴールです。

## 金星とは？

金星は「明星《みょうじょう》」という呼び名があり、太陽、月に次いで明るい星です。英語では「Venus（ビーナス）」。ギリシャ神話に登場する、愛と美の女神アフロディーテの異名です。「アフロディーテ」の名前の由来は「泡」を意味する「アプロス」から。名画『ヴィーナスの誕生』では、海を背にして貝の上に立つ、美しいアフロディーテが描かれています。

「あわ（泡）」とは、神道の世界で「万物を生み出すエネルギー」のこと。アフロディーテは西洋の神様ですが、日本の神道や言霊とリンクしているのが、なんとも不思議です。「あわ」という響きには、おおらかで、あらゆるものを包み込む柔らかさがあります。そのイメージどおり、「あわ」は「女性らしさ（女性原理）」の象徴。すべての子どもは女性から生まれますから、「あわ」は生命の源の意味であり、それを司る女神がアフロディーテなのです。

人を愛し、愛された分のエネルギーが、自分の中に貯まっていって、やがては悟りに変わる。その導きを与えてくれるのが金星です。お釈迦様や空海も、大愛をもって多くの人を救う中で、金星とつながり、悟りを得たといわれています。

悟りとは「差取り」のこと。なにの差を取るかといえば、自他の区別です。我ごとのように人のことを考え、愛したとき、「わたしとあなた」の境界線がなくなる。自分と相手が一つになったように感じる。そのような感覚の根源が、金星にあります。

## 金星丘が
## 発達している人の開運3箇条

1 遠慮せず、周りに助けを求める

2 人を愛するために、まず自分を愛す

3 「与えるとはなにか？」を考え続ける

### 金星丘の開運の秘訣①
### 素直に助けを求める

「助けて」の一声がいえずに、自分を追い詰めてしまいがち。「あの人も大変だから、自分が動いた方がいいかな」「周りに迷惑をかけてはいけない」と遠慮して、人に頼ることを避けてしまうのです。

けれど、自分ひとりの力では必ず限界が来ます。たまには、人に甘えることも必要なのです。我慢せず、大変なときや助けてほしいときは、素直に助けを求めましょう。

### 金星丘の開運の秘訣②
### 自分を愛する

寂しさや承認欲求などの〝満たされない気持ち〟がベースで行動すると、いつの間にか相手から時間やエネルギーを奪ってしまうことも。

「わたしは満たされている」という実感があるからこそ、人に愛を与えることができます。美味しいごはんを食べる、セルフマッサージをする、森林浴をするなどの習慣を取り入れて、まず自分自身を愛してみましょう。

金星丘の開運の秘訣③

## 情に流されない

情に厚い金星丘の人は、ついやってあげすぎる傾向があります。けれど、甘やかしすぎに気をつけて。情に流されると、相手にとって本当に必要な行いかわからなくなってしまいます。

「これは相手のためになっているのか？」「やってあげすぎて、相手をダメにしてしまわないか？」と常にチェックしましょう。「与えるとはなにか？」を突き詰めることが、金星丘の一生のテーマです。

### 発達していない人が気を付けること

金星丘のエネルギーが足りないと、省エネになりがち。なかなかやる気が起きなかったり、体調を崩しやすかったりします。人への愛情や奉仕の気持ちがないと、エネルギーは高まらないからです。

「ちょっとしんどいなぁ……」と思ったタイミングが勝負！ そんなときこそ、出し惜しみせずに目の前の人や物事にエネルギーをかけていきましょう。困っている人がいたら、全力で助ける。ちょっと体調が悪くても、自分ができることをする。それが自然になると、金星丘のエネルギーが充実し、元気とやる気に満ちていきます。

## 直感・ヒラメキを司る

# 月丘エネルギー

**Key word**

- ★直感　★スピリチュアル
- ★想像力
- ★タイミングに恵まれる
- ★ロマンティック　★人気

### 月丘のエネルギーが強い人

闇夜に照らされる月は、夜の世界の象徴です。夜の世界とは「目には見えない意識の世界」を表しています。月丘が強い人は精神世界や哲学・宗教を好んだり、イメージ力や直感力に優れています。タイミングを掴むのがうまく、ピンチになってもギリギリで難を逃れたり、人とのご縁を活かしたりすることができます。

　几帳面《きちょうめん》な性格で、完璧主義。想像力やセンスもあり、インテリアやファッションで持ち前の才能を発揮するでしょう。身体の特徴でいうと、手全体がほっそりして繊細な印象です。

　美しい月を見ると情緒が動かされるように、ロマンチストな傾向があります。

　また、月は満ちたり、欠けたり、見えなくなったり、その時々により姿を変えます。月丘のエネルギーが強い人も、光と影の二面性を持っています。それゆえ神秘的かつ妖艶《ようえん》な雰囲気を持った方が多いのも特徴です。

## 月とは？

よく「ツキが回ってきた」といいますが、言葉のとおり、月と運には密接な関係があります。「運がいい」とは、一言でいうと「タイミングがいい」ということです。

仕事で行き詰まっていたら、たまたま助けてくれる人が現れた。入試本番で知っている問題が出て、大学に受かった。なんとなく始めた趣味で、才能が開花した……。これらはすべて、〝偶然〟のめぐり合わせです。月のエネルギーが高まるとタイミングが良くなるのです。

タイミングとは「リズム」でもあります。昔は、農作業をするときに月を基準にしていました。月の満ち欠けにより、いつ、どんな作業をしたらいいかがわかったのです。

月のリズムと呼応しているのは、生き物も同じ。満月にだけ咲く花があったり、サンゴがいっせいに産卵をしたり、女性の生理も、おおよそ28日のサイクルです。わたしたち人間も、月の影響を受けているのです。

月が満ち欠けしていくように、月の女神も、三日月から満月に向かう月の女神アルテミス、満月の女神セレーネ、満月から欠けていく月の老女の神ヘカテーと名前を変えていきます。

中でもアルテミスは「純潔」を司る女神です。本来持っている純粋さを発揮できないのは、自分を縛る「とらわれ」のせいです。とらわれを超えて、純粋な心に立ち返ることが月丘のテーマ。そのとき生まれる直感力こそ、自分も周りも幸せにしていくのです。

## 月丘が
## 発達している人の開運3箇条

1 直感が冴えるように、浄化の習慣を持つ

2 妄想の世界ではなく、現実を見つめる

3 考えるよりも、まず行動してみる

### 月丘の開運の秘訣①
### 浄化の習慣をもつ

月丘のエネルギーが強い人は、直感力が鍵を握ります。しかし、自分の意識の状態がよくないと、その直感も狂ってしまいます。意識が下がるのは、ネガティブなエネルギーの影響を受けているときです。だからこそ、正しく直感を働かせるために、浄化を習慣づけるようにしましょう。

浄化の方法はいろいろありますが、P78～81でご紹介したものから、日常にとり入れてみてください。

### 月丘の開運の秘訣②
### リアルを見つめる

月のエネルギーに偏りすぎると、自分の妄想や空想の世界で満足してしまい、リアルがおろそかになります。開運のテーマは「現実を見る」こと。周りの人や、起こる出来事と向き合って、どうしたら現実が良くなるかを考えましょう。自分の意識を、内側ではなく外側、つまり「誰かのため」に向けることです。誰かのために本気になったときに降りるアイディアこそ、真に役立つものとなります。

月丘の開運の秘訣③

## 考えすぎない

月は精神世界の象徴なので、このエネルギーが強い人は、つい頭で考えがちになります。もちろん、それが悪いわけではありませんが、引っ込み思案になってしまわないように要注意。

直感力を働かせるためには、「今、この瞬間」を意識するのが大切です。頭で考えるよりも、まずは行動。誰かのためを思い、せっせと動いているときにこそ、ヒラメキが降りてくるのです。

### 発達していない人が気を付けること

月丘のエネルギーが弱いと、直感力が鈍くなったり、タイミングを外しやすかったりします。それは、現実に重きを置きすぎて、見えない世界をおろそかにしているからかも。直感やひらめき、インスピレーションは、見えない世界からやってくるのです。

現実は、見えない世界に支えられています。まず、それらを感じる力を養うために、身体の感覚を大事にしましょう。スマホやパソコンを一日やめてみる。めんどくさいことを、あえてやってみる。外に出て自然と触れてみる。すると、もともと持つ身体のセンサーが磨かれていきます。

闘争・情熱を司る

# 火星丘エネルギー

Key word

★勇気　★競争
★根気　★行動力
★情熱
★自制心

## 火星丘のエネルギーが強い人

火星丘のエネルギーが強い人は、一言でいうと〝闘う戦士〟のイメージ。勢いよく燃える炎のように、どんなことでもアグレッシブに行動していきます。やったことがないことも、失敗を恐れずにチャレンジする勇敢さがあります。

一度決めたことは、最後までやり遂げる意志の強さも持ち味。困難に直面しても、「負けるか！」と己を奮い立たせます。負けん気が強く、勝ち気なところも。目標が高ければ高いほど燃えるタイプです。

あかあかと燃える火は、生命力の象徴。バイタリティがあって、ひと所にじっとしていられません。感情が豊かで、感じたことを素直に表に出しやすいでしょう。人によっては、カッとなりやすいので注意して。

周りに闘争心を向けると、競い合うことで高い結果や成果を出し、自分に向けると、忍耐や自制心といった〝自分との闘い〟に勝つことにつながります。

## 火星とは？

赤く輝く火星は、その名のとおり「火の星」。火は、文明の象徴とされています。人間は火を用いることで、文明を発展させてきました。機械の発明や、電力を生み出すためにも、火を使っています。そこから、火星は〝文明の発達を促す星〟とされています。

文明は、競い合うことによって、より高度になっていきます。そのため、火星は競争する性質も強く持っており、「情熱」や「男性原理（＝強いこと、闘争心があること、理論的なこと）」を意味します。

火星を司っている神様は、ローマ神話でいう軍神マルス。当時は、ローマの守護神として、民に篤《あつ》く信仰されていました。マルクス・アウレリウス・アントニウスという、優れた政治を行った皇帝の名前も、軍神マルスが由来です。

マルスは、ギリシャ神話では「アレス」と名を変えて登場します。しかし、こちらでは破壊と戦争の神といわれ、その野蛮な性格から多くの神に嫌われていたようです。

なぜ、ここまでイメージが分かれてしまうのか？それは、男性原理の光と闇の両面を表しているからです。男性原理は、うまく使われるか、暴走するのかによって、まったく別のものになります。競争によって、発明や成果を残すことができる一方、行き過ぎると争いを生みます。

だからこそ必要なのが、金星と月が持つ女性的なエネルギーです。温《ぬく》もりやあたたかみがあるからこそ、人は誰かのために科学や文明を使うことができるのです。

## 火星丘が
## 発達している人の開運3箇条

1 ためらわずに「未知の領域」に挑戦する

2 相手を許し、自分を許す

3 「負ける」ことで「勝ち」を得る

### 火星丘の開運の秘訣①
### ためらわずに挑戦する

火星丘の人は、燃え盛る炎のようにパワフルです。その性質を活かすために、常に新しいことにチャレンジしてみましょう。

今取り組んでいることがあったら、目標をもっと高めてみる。できないことに直面したら、落ち込むのではなく逆に奮起する。やったことがないことに飛び込んでみる。そのように、自分にとっての「未知の領域」に踏み込むことで、火星のエネルギーが成長の原動力になります。

### 火星丘の開運の秘訣②
### 人を許し、自分を許す

感情がたかぶりやすいのが火星の特徴です。嬉しい、楽しい、しあわせなどのプラスの感情を抱きやすい反面、悪く出ると、ネガティブな感情にブレーキが利かなくなることも。「自分のことや相手のことが許せない」と、自責や他責を続けてしまいます。そんなときは、「○○を許します」と口に出してみて。ネガティブな感情が出てきたら、言葉にすることで、だいぶ気持ちが軽くなります。

### 火星丘の開運の秘訣③

## 「負けるが勝ち」に気づく

闘争心が強い火星丘の人は、小さなことでも、つい勝とうとしてしまいがち。しかし、〝勝ちすぎ〟もよくありません。勝ったことで、相手に恨まれたり、心にゴミを溜めさせたりしては、結局マイナスです。「負けるが勝ち」という諺《ことわざ》のとおり、〝負ける〟ことで勝ちを得ることもあります。競争心が出てきたら、「この闘いに勝つ意味はあるのか？」と、常に自分に問いかけていきましょう。

### 発達していない人が気を付けること

火星丘のエネルギーが弱いと、やる気、情熱、モチベーションが下がります。やるべきことや目の前のことに対して、無気力になったり、投げやりになったりしてしまうのです。

そのために、熱く燃えられる何かを見つけるのが大切です。心の中で燃える炎とは、志や目標のことです。「こんな人になりたい！」「仕事を通して、世の中を良くしていこう！」「人生で、これだけは叶えたい！」、なんでも構いません。映画、小説、趣味、芸術作品、尊敬する人などに触れて、自分の感情が動くきっかけを作りましょう。

# 表現・商売を司る

# 水星丘エネルギー

**Key word**

- ★ コミュニケーション
- ★ 表現力　★ 接客
- ★ 財運　★ 知識、知恵
- ★ 循環

## 水星丘のエネルギーが強い人

明るく社交的で、人なつっこい性格です。水が流れるように、たくみに話す弁才があります。コミュニケーション能力が高く、どんな人ともすぐに仲良くなれます。人と関わるのが得意で、接客業や営業職、水商売をされている方も多くいます。

また、水はさまざまな物質を溶け込ませ、情報を記憶する力があります。そこから、水は知識や知恵の象徴とされています。その性質のとおり、水星丘のエネルギーが強い人は、勉強熱心で、あらゆることに興味関心を持ちます。

みずみずしい感性があり、「これはなぜだろう？」と真理を探究していくのです。

表現をするのが好きで、人に何かを伝えたり、教えたりすることに喜びを感じます。

高いコミュニケーション能力や豊富な知識を、世のため人のため、誰かの幸せに役立てたとき、富や財に変えることができるのも、水星丘の特徴です。

## 水星とは？

水星は、太陽系の惑星の中で一番小さく、回転速度が速い星です。水星を司る神様は、ギリシャ神話でいうと、青年神ヘルメス。弁舌と商業の神とされていて、聡明で口達者です。コミュニケーション能力が高く、機敏《きびん》に動くことから、神と人との間を自由に行き来するメッセンジャーとしても活躍しました。

このヘルメスの「弁舌」と「商業」の才が、そのまま水星の特徴になります。「弁舌」が表現力、コミュニケーション能力を、そして「商業」が商才、金運、財を成す力を表しているのです。水星丘が別名「商売の丘」と呼ばれるのは、これが所以《ゆえん》です。

面白いことに、これは東洋の神話とも重なっています。東洋における水の神様は、弁財天《べんざいてん》。美しく流れる川から生まれた女神で、名前のとおり、「弁（学問・弁舌）」と「財（商売繁盛・財運）」の功徳をいただけます。

「弁」と「財」を豊かにするための秘訣が、知恵です。「水」のエネルギーは、知恵に喩えられます。誰かになにかを伝えたり、コミュニケーションを取ったりしていくとき、表現力が不可欠です。そのためには、たゆまぬ勉強が必要なのです。商《あきな》いを成り立たせるのにもまた、知恵が要《い》ります。

「勉強する」とは、心を潤すこと。水が浸透することで大地はやわらかくなっていくように、学ぶことで人の心は柔軟になっていきます。物事の本質を見定め、真理を探究していくのも、水星の役割なのです。

## 水星丘が 発達している人の開運3箇条

1 気づきを書いて、生きた知恵を身につける

2 学んだことを積極的に伝えていく

3 場の空気を感じながら話す

水星丘の開運の秘訣①

### 気づきを書く

水星丘の人にとって大事なのは「知恵を蓄えること」です。もちろん、本を読むのもいいですが、それ以上に〝生きた知恵〟を身につけていきましょう。

〝生きた知恵〟とは、日常で得た、実感をともなう学びや気づきのこと。記録しなければ、せっかくの知恵も忘れてしまいますから、書いて残しておきます。文字を打つよりも、あえて手を動かすことで、より深く記憶に残るのでおすすめです。

水星丘の開運の秘訣②

### サービス精神を持つ

豊富な知恵は、誰かのために活かしてこそです。「勉強して終わり」では、知っていることが増えただけの自己満足になってしまいます。学んだことを誰かに伝えるサービス精神を持ちましょう。

普段から、身の回りにいる人に役立つような勉強を心がけてみる。何が周りの助けになるだろうかと考えてみる。すると、一人で勉強するよりも、密度の濃い学びができるようになるのです。

### 水星丘の開運の秘訣③

## 駄弁に気をつける

話すことが好きな方が多いですが、逆をいえば「おしゃべり注意」です。なんの目的もなく、ただダラダラ話す駄弁は、運の源になるエネルギーを漏らしてしまいます。余計な一言によって、誰かの気分を害したり、空気を悪くしてしまうことも。

「自分がしゃべりたいだけになっていないか？」「そこにいる人や、場の空気を感じているか？」をいつも意識しながら話してみましょう。

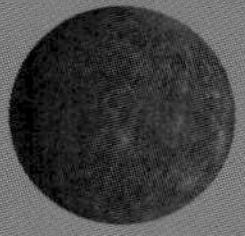

### 発達していない人が気を付けること

水星丘のエネルギーが弱い人は「伝える」ことが不足しがちです。思っていることを打ち明けなかったり、言葉足らずになってしまったり。人とコミュニケーションを取るのがニガテ、という人も多いです。

だからこそ、「伝える」ことを意識しましょう。「話す」でも「書く」でも構いません。あえて、自分から話しかけてみる。誰かが目にする文章を書くときは、丁寧でわかりやすい表現になっているかと読み返す。ボキャブラリーを増やして、表現の幅を広げる。伝える努力を重ねることで、言葉に力が宿るのです。

意思・向上心を司る

# 木星丘エネルギー

Key word

★成長　★志
★目標　★行動力
★強い意志
★リーダーシップ

## 木星丘のエネルギーが強い人

木星は、星占いでいうと「幸運を司る星」。自分の可能性や幸福感、生きがいを感じさせてくれます。さらに、自分を成長させ、高めようという意欲をもたらしてくれるので、木星丘のエネルギーが強い人には向上心や上昇志向があります。

一つ目標を達成しても、また上の段階を目指します。現状に満足せず、それ以上のものに果敢にチャレンジすることで、大きな成功を手にする人が多いでしょう。

リーダーシップをとって、周りを引っ張っていくタイプ。主体的に行動することで、より一層パワーを発揮することができます。独立心もあり、起業して会社を経営することも少なくありません。人によっては野心家なところも。

太陽系の中で一番大きく、もう少しで星そのものが輝き出すといわれた木星は、大きな希望を秘めています。自分から大きな夢を掲げるからこそ、周りを巻き込む力を持つのです。

## 木星とは？

星占いにおける「運の良し悪《よあ》し」は、そのほとんどが木星のエネルギーを見て決められています。それほど、木星というのは、人の運を左右する惑星なのです。木星の神様は、ギリシャ神話でいうゼウス。神々の長で、雷を武器に持つ天空神です。木星のシンボル（♃）は、ゼウスの雷に見立てたともいわれています。

そして、この雷の電気的なエネルギーが、運を作ることに関係しています。人間の脳や心臓、筋肉などは、電気信号で動いていますが、実は〝運〟の正体は、電気的なエネルギーなのです。このエネルギーが多いほど、「運がいい」とされ、それをどう使うかで手にする結果も変わってきます。

「イタズラをした子どもに、お父さんからの雷が落ちた」など、ピシャッと一喝する様子は雷に喩えられます。ゼウスは、運を与える一方、ときに厳しく罰する神でもあるのです。

木星が持っている運を味方につけるには、憧れを持つことが大切です。自分も、あんな風になりたい。一度でいいから会ってみたい。もっと近づきたい。そう思える理想像を持つことで、あなたの軸が定まります。すると、木星の電気的なエネルギーを活かせるようになるのです。

木星は、豊かさの象徴で、拡大と発展のエネルギーがあります。それは、周りを「巻き込んでいく力」です。そのためには、どんな人でも受け入れるやさしさを持つこと。するとより、木星からの運のエネルギーを受け取ることができるのです。

## 木星丘が発達している人の開運3箇条

1 志を高く持つ

2 結果よりもプロセスを楽しむ

3 節欲してエネルギーをためる

木星丘の開運の秘訣①

### 志を高く持つ

「志」とは、「心」に「之（＝向かい行く）」と書きます。つまり、「心の向かうところ」という意味です。放っておくと、すぐフラフラして目的を見失ってしまう。それが心というもの。だからこそ、「わたしはここを目指したい！」という、憧れを見つけましょう。そして、単なる憧れで終わらせるのではなく、自分もそこに近づいていくと決意する。それが志を持って生きるということです。

木星丘の開運の秘訣②

### プロセスを楽しむ

目標を叶えていく力がある木星丘の人ですが、上を目指すことばかり考えて、結果主義になりすぎることも。いつの間にか、楽しむこと、遊び心、やさしさを忘れてしまいます。

大事なのは、結果ではなく〝プロセス〟です。人生の最後に、記憶に残るのは、試行錯誤した〝プロセス〟だからです。調子がいいときも、悪いときも、ぜんぶを楽しみ、味わい尽くしましょう。

木星丘の開運の秘訣③

## エネルギーをためる

欲は生きるために必要なもの。けれど、「もっと〇〇したい」「あれが欲しい」と、ショボい欲に飲まれっぱなしの人は、開運しません。それは限りある運の電気エネルギーを、あちこちにコンセントを差してムダ使いしているようなものだからです。それでは、いざ！ってときに電力不足に陥《おちい》ります。ふだんから節欲を心がけて、大きな願いを叶えるためにエネルギーを蓄えておきましょう。

### 発達していない人が気を付けること

開運するために大切な習慣の一つは、自分との約束を守ることです。ところが木星丘が発達していない人は、欲に飲まれたり、他人の意見に流されたりしがち。ですから、小さな約束から守ることを意識しましょう。

最初から大きな約束をしないことがコツ。守れない約束をしてしまうと「できなかった」と自己嫌悪になりかねません。たとえば、毎日1ページでも本を読む、寝る前にスマホを見るのをやめるなど、できることを続けていくと、木星丘のエネルギーが強くなってくるでしょう。

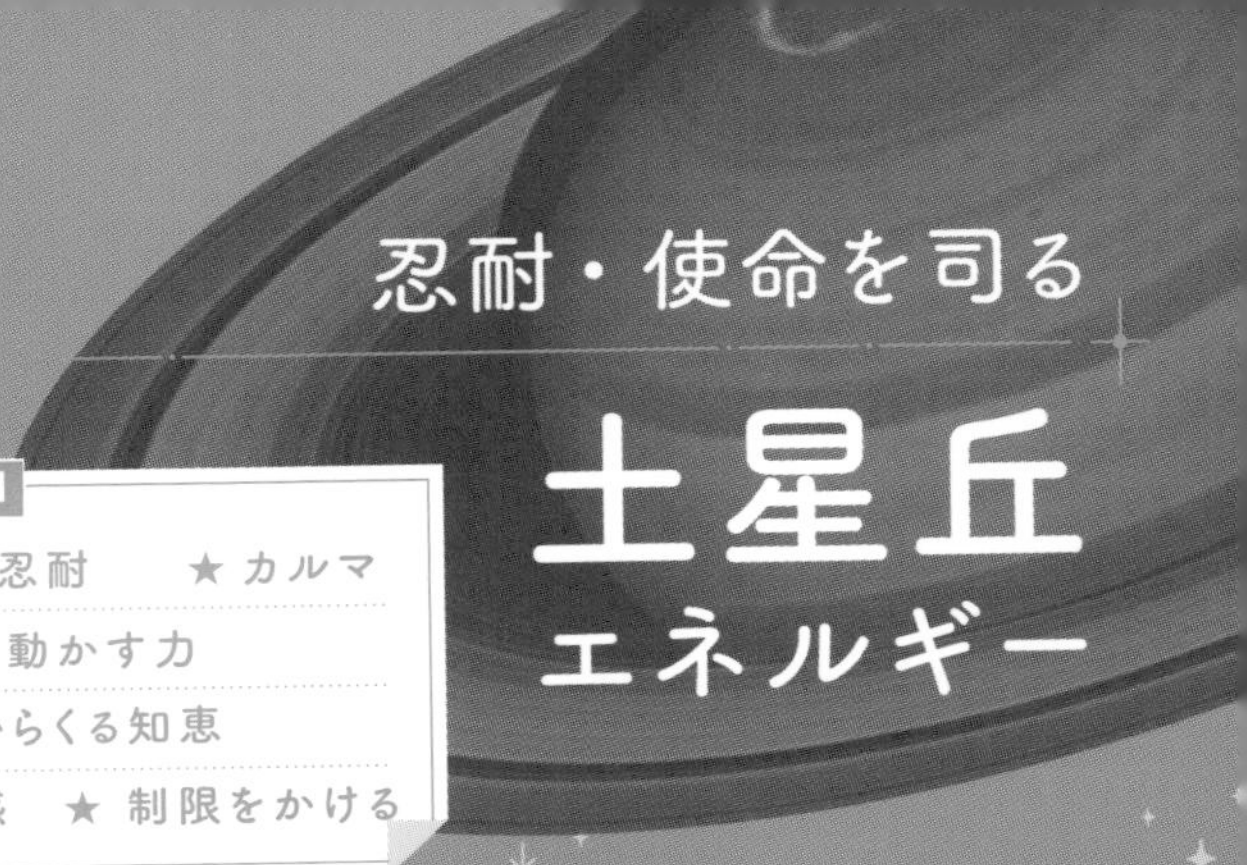

# 忍耐・使命を司る土星丘エネルギー

**Key word**

- ★努力、忍耐
- ★カルマ
- ★現実を動かす力
- ★経験からくる知恵
- ★責任感
- ★制限をかける

## 土星丘のエネルギーが強い人

　思慮深く、行動する前にじっくりと考える性格。一言でいうと「まじめ」な人です。これは、土星が「制限」を意味し、人生の課題（テーマ）を与える天体だからです。自らを制限するものとは、仕事であり、役割です。そのため土星丘のエネルギーが強い人は、仕事に対する責任感が強く、勤勉なのです。

　コツコツと地道に努力を積み重ねることができるので、人からの信頼が厚くなります。忍耐力を持ち、努力を続けることができるため、人生で大きな業績を残すことも。

　一人で行う作業も苦ではなく、継続する力があるので、研究や創作に向いています。

　自分自身に対しても、ルールや制限をかけることから、自分に厳しくなりやすいタイプです。ただ、あまりにも自分を制御しすぎると、自分の殻に閉じこもり、融通《ゆうずう》が利《き》かなくなってしまうので、周りと調和できるよう、バランスを取りながら動くことが大切です。

## 土星とは？

太陽の周りを約30年かけて回る土星は、「努力」「忍耐」「不屈」の象徴。物事を継続する忍耐力と、苦しい試練を乗り越える力を与えてくれます。

土星の神様は、農耕の神サトゥルヌス。農耕は、種をまくにも、水を与えるにも、作物を収穫するにも、タイミングが命です。タイミングを間違えれば、農作物は育ちません。そして、作物を育てるには、ずっと面倒を見続け、収穫のタイミングまで〝待つ〟ことも必要です。

人生においても、結果が出る時期や、転機が訪れるタイミングは人それぞれ。だから「いかに待てるか」が、重要になるのです。そこから、サトゥルヌスは「時の神」ともいわれます。

サトゥルヌスは、英語では「Saturn（サターン）」。土星は「死」や「破壊」など、一見ネガティブな意味合いもありますが、「死」という終わりがあるからこそ、人は本気で生きるように、あえて「制限」を設けることで、その人の潜在能力を引き出す星なのです。

時間や制限によって、人は自分の欲望や感情をコントロールする知恵を磨いていきます。その過程を経て、人は〝一人前の人間〟になっていくのです。

土星のもう一つの顔は、「老賢者の星」。老賢者とは、深い洞察力や知恵を持ち、助言や忠告を与えてくれる存在のこと。農耕の世界には、昔から脈々と続く知恵が受け継がれています。そのような、「過去の記憶」や「経験からくる知恵」を持って、人生に深みを与えるのが土星です。

## 土星丘が発達している人の開運3箇条

1 小さなことでも継続していく

2 溜め込まずに自己開示をする

3 ガマンしすぎず、長く続ける

### 土星丘の開運の秘訣①
### 一つのことを継続する

忍耐力は、努力を続けることで養われます。何か一つ、「毎日これを継続する」と決めましょう。日常の積み重ねが、やがては大きな成果を生み出す原動力になります。読書や勉強をする、日記や手帳をつけてみる、人の悪口をいわない、など小さなことでも構いません。「今日はちょっとやりたくないな……」というときがチャンス！　忍耐力をつける試練だと思って、前向きに取り組んでみてください。

### 土星丘の開運の秘訣②
### 自己開示をする

土の「蓄積」という性質から、本音をいえずに溜め込んだり、周りに相談できずに一人で抱えたりする傾向にあります。だからこそ、積極的に自己開示をすることを意識しましょう。自分が感じていることや、考えていること、困っていることがあったら、素直に表に出していくことです。その日に思ったこと、いいたいことは、できる限り、日をまたがずに伝えていく。そのような生き方が理想です。

土星丘の開運の秘訣③

## ガマンしすぎに注意

土星丘の人は、良くも悪くもガマン強いタイプです。ストイックな性格は長所でもありますが、過度なストレスを感じながら頑張るのは、あなたが進むべき道ではないかもしれません。

ある程度の辛抱は必要になりますが、ガマンのしすぎはＮＧです。自覚していなくても心身へ負担がかかり、調子を崩しかねません。無理をしてまで頑張らないこと、その上で、続けられる努力を心がけましょう。

### 発達していない人が気を付けること

土星丘が発達していないと、「中途挫折」をするクセがつきがちです。決めたことを途中で放り出さず、最後までやり遂げることを心がけましょう。途中で「めんどくさい」「明日からやればいいや」という気持ちが出てきても、悪魔のささやきに負けないことです。

自分一人では難しければ、誰かに「宣言」してみるのもおすすめ。自分に甘くなる人は、誰かを巻き込んで、「自分が動かなければ迷惑がかかる」という環境に追い込んでみるのです。締切がある仕事に積極的に取り組むなど、あえてやらざるを得ない状況を作りましょう。

発展・成功を司る

# 太陽丘エネルギー

Key word

★繁栄発展 ★平等
★明るさ、前向きさ
★快活 ★エネルギーの源
★豊かな感性 ★自己表現

## 太陽丘のエネルギーが強い人

太陽系の中でもダントツの存在感を誇る太陽は、明るく、躍動的です。太陽丘のエネルギーが強い人は、楽観的でマイペース。明るく楽しいことが大好きで、ときには子どものように無邪気に、人生を楽しむ感性が魅力です。

ポジティブで好奇心が旺盛。自ら光を放つ太陽のように、自分を表現することで輝き、周囲を惹《ひ》きつける人が多くなります。

感受性が鋭く、豊かな表現力も持ち味。

前向きに物事を捉え、向上させていく気持ちが強いので、周りからの人望や評価を得やすいでしょう。創造力や芸術的なセンスもあり、素敵なアイディアや成果を生み出すことができます。

一方で、その日の気分に左右される傾向があり、気分がのらないときは逃げ道を探してしまうことも。日々の感情の波と向き合いながら、自身の性質を最大限に活かしていくことがテーマです。

## 太陽とは？

明るく輝く太陽は、自らの光で多くの動物や植物を生かしています。落ち込んだときでも、心の中に太陽を思い描くとフツフツと力が湧いてくるように、太陽は生命の源や、エネルギー、活力の象徴です。社会においては、繁栄発展させる力になります。

ギリシャ神話でいうと、太陽の神様は男性神「アポロン」。美しい青年の神で、明るく聡明。あたたかい心を持ち、軽口もたたけるお茶目な性格が、民衆から愛されていました。

アポロンは芸術・音楽・医術の神とされています。太陽の明るさ、華やかさが味方になると、美しい表現、芸術性の高さとなって表れます。また、生きとし生けるものを包みこむ光が、人を癒やす力となるのです。

また、アポロンは「予言の神」として、人々に多くの神託を下していました。古代ギリシャの都市デルフォイには、アポロンの神託を授かる神殿があり、最も重要な聖地とされていました。

その神殿の入り口には、次の3つの格言が刻まれていたといいます。

「汝《なんじ》自身を知れ」・「過剰の無（過ぎたるは及ばざるがごとし。多くを求めるな。度を越すなかれ）」・「誓約と破滅は紙一重（無理な誓いはするな）」。これらは、末永く繁栄発展するための道を示した言葉といえます。自分の分《ぶ》を弁《わきま》え、取りすぎず、できることを確実に行っていくことが、長く栄えていく道なのです。

## 太陽丘が 発達している人の 開運 3 箇条

1 誰に対しても平等に接する

2 明るい未来を信じる

3 調子にのらず、謙虚さを持つ

太陽丘の開運の秘訣①

### 平等に接する

燦々《さんさん》と光り輝く太陽は、すべてのものを遍《あまね》く照らします。太陽は、「ここは照らして、ここは照らさないでおこう」と自分の都合を挟みませんが、これは太陽丘のエネルギーが強い人も同じ。目の前の人に対して、善悪や好き嫌い、損得勘定《かんじょう》などで、関わり方を変えないようにしましょう。誰に対しても平等に、愛や思いやりを向けるからこそ、太陽のような、あたたかい人になれるのです。

太陽丘の開運の秘訣②

### 未来を信じる

太陽の光は、未来を照らす力です。ゆえに、太陽丘のエネルギーが強い人は、「未来は明るい」と信じることが大事です。「大丈夫」と口に出してみるのもいいでしょう。言葉によって、自分の心を方向づけることができます。

周囲がドーン……と暗くなっていても、「大丈夫！　なんとかなるよ！」と鼓舞する太陽丘の人の明るさに、周りは勇気づけられます。

太陽丘の開運の秘訣③

## 調子にのらない

明るく前向きでノリがいい反面、少しうまくいっただけで調子にのってしまう傾向が。「わたしってすごいかも」と、自分の力を過信して、天狗にならないように要注意です。己を律し、「分を弁える」こと。身のほどを知ることで、今の自分に足りない部分がわかり、謙虚に努力できるようになります。自分はまだまだだ、という慎《つつ》ましさを持つことで、自然と周りに対する感謝が出てくるでしょう。

### 発達していない人が気を付けること

物事を「前向き」にとらえましょう。太陽丘が発達していないと、ちょっとしたことにクヨクヨしたり、考え方が後ろ向きになって、ネガティブになりやすくなったりします。

どうしても前向きになれないときは、心の中に太陽を思い浮かべましょう。太陽には、生命の根源となるエネルギーがあります。明るく輝く朝日や夕日を、目を閉じてありありと想像します。その光が、自分の中に満ちて、心の闇の部分も明るく照らしているイメージをしましょう。すると、活力が戻り、元気がみなぎってくるのです。

COLUMN

## 土星丘の線は……

Part3「特徴的な手相」では、丘のエネルギーが集まって線ができることを、具体的な線を取り上げて紹介します。しかし、その中で、一つだけ取り上げていない丘があります。それは、土星丘です。なぜなら、土星丘に向かう線は、すべて運命線になるからです。

土星は、名前に「土」が入っており、土は「蓄積」の性質を持ちます。まるで万物の母のような存在で、土は石や植物、昆虫や動物など、さまざまなものを包み込みます。土星に「土」という漢字が当てられたのも、偶然ではないでしょう。

生きる中で感じる、酸いも甘いもしょっぱいも、苦しみもつらさも悲しみも、すべてが人生の糧になります。逆境や困難に耐え、経験を蓄積することで、運が開けるのです。土星に向かう運命線は、充実した人生を送るには、こうした「忍耐力」と「継続力」が必要なのだということを伝えてくれています。

また、地丘（地球）から始まった運命線が、土星丘に向かうのには、もう一つ意味があります。それは、「地球に生まれた人間は、最後は土に還る」ということ。つまり運命の終着点は、土ということなのです。

# Part 3

# 特徴的な手相

# 特徴的な手相を見る前に知ってほしいこと

特徴的な手相といえば、どんな線を思い浮かべますか？　覇王線やますかけ線、太陽線や財運線などでしょうか。いずれも、「この線があれば成功できる！」「人にはない特別な才能がある！」といわれる手相ですね。

いい線があったら「ラッキー！　ついてる！」と思い、悪い（とされる）線があったら、「うわぁ……どうしよう、わたしは運が悪いのかも……」と不安になる。これでは、線があるかどうかで、一喜一憂してしまいます。

しかし、手相というのは、その人の意識の表れに過ぎません。

一般的に「成功する手相」といわれるものでも、本人に「成功している」という意識があるから、手相が出るのです。

そのため、周りからは明らかに成功していると思われている人でも、プラスの意味合いの線が、まったくないこともあります。それは、その人が「自分は成功している」という意識がなく、むしろ「それが普通だ」「成功することは当然だ」と思っているからなのです。

だからこそ、特徴的な手相を見る上で大事なのは、線があったときに、その線の本質を理解して、どのように生きていけばいいかを知ることです。

例えば、ますかけ線には「つかんだ運は絶対離さず、人の上に立ってリーダーシップを発揮する」という意味があります。ですが、ますかけ線そのものが〝運がいい線〟というわけではありません。

ただ〝ますかけ線に見合った生き方〟があるだけなのです。

逆にいえば、ますかけ線を持っていても、それを活かせるような人間的な器がなければ、なかなか線の良さは発揮されません。さらに、ますかけ線がなかったとしても、ますかけ線が発揮されるような生き方をしていれば、あとから線が出てくることもあります。

大切なのは、「どの線があるか」ではなく、「どう生きるか」です。

どれだけ努力し、徳を積んだかで、結果は変わってきます。あくまでも、手相の線は丘に蓄えられたエネルギーを表すだけ。丘のテーマを意識しながら、ひたむきに生きていれば、あなたにふさわしい線が、自然と出てくるようになります。

特徴的な手相

# 天下取りなますかけ線

## 心と頭をつなげる、一本線

ますかけ線は、感情線と知能線がつながって、一本の線になっている手相のこと。一般的には、強い意志や精神力を持ち、大きな成功を収めるといわれます。天下をとった豊臣秀吉や徳川家康も、ますかけ線を持っていました。

この線を持つ人は、〝感情〟と〝思考〟がリンクしています。つまり、〝心〟と〝頭〟が一致しているということです。

逆にいうと、ハートで感じていることと、頭で考えていることが異なると、ますかけ線の良さは発揮できません。アクセル役の感情と、ブレーキ役の思考。正反対の2つを、どう結びつけるかがますかけ線のテーマです。

## この線を持っている人が開運する生き方

心と頭をつなげるために、どうしたらいいのか？　それは、自分自身の本音に素直になることです。生きていると、人はいつの間にか〝小さな本音〟を見過ごしてしまいます。

（それ、間違っているかも）と気づいているけれど、いわない。

（あのことって、大丈夫なのかな？）と感じているれけど、聞かない。

（あの人、困ってそうだな……）と思うけれど、動かない。

ちょっとしたことだから……とスルーし続けると、だんだんと、本当は自分はどう感じていて、何を思っているかがわからなくなってしまいます。表に出せなかった思いや感情は、どんどん溜まっていき、いつしか心のゴミになります。それが、モヤモヤしたり、ネガティブになったりする原因なのです。

だからこそ、自分に正直になりましょう。そして、「今日もやり切ったな！」という日々を送ることです。前からやろうと思っていたこと、後回しにしていたことがあれば、勇気を出して行動していく。本音を貫いていく。そうなったときのますかけ線は、まさに天下無敵です。

## ますかけ線を発揮するためのポイント

“自分の本音に素直になり、「やり切った！」という日々を送る”

特徴的な手相

# 神様に護られる神秘十字線

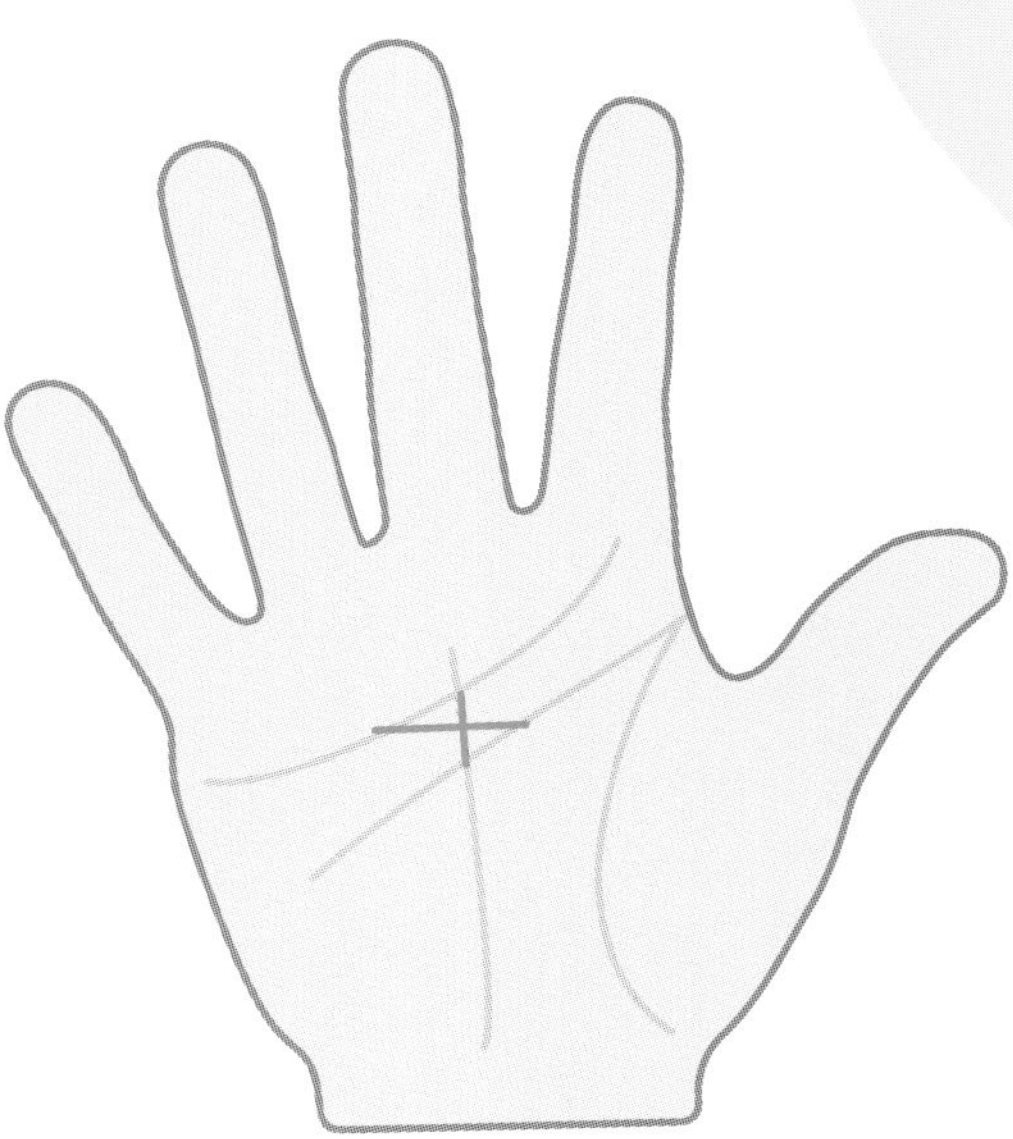

## 見えない力に護られる線

神秘十字線は、知能線と感情線の間に伸びる横線と、手のひらをタテに走る運命線とがぶつかってできる、十字型の線のこと。

この手相がある方は、直感力やひらめきに優れているといわれます。ピンチのときに、見えない力に助けられたり、タイミングよくチャンスが訪れたりするのも特徴です。

ポイントは、知能線と感情線を結ぶ線と、人生の流れが表れる運命線がクロスしているところ。いい換えると、「自分の運命を、知能と感情を架け橋にして切り拓《ひら》いていく」という意味です。中でもとくに大事なのが、知能と感情をつなぐ〝架け橋〟の部分です。

## この線を持っている人が開運する生き方

知能でも感情でもない、神秘十字線の架け橋になるもの。それは、「信じる力」です。どんなことが起きても、信じる力によって運命を乗り越えていく。それが神秘十字線のテーマです。

「わたしは神様に護られている」「見えない世界の導きは、必ずある」と無条件に信じている人に、神秘十字線は現れます。だからこそ、「自分の人生は、絶対によくなる」という確信を持って、前に進んでいきましょう。

そのために知っていただきたい考え方は、「松竹梅《しょうちくばい》」の三原則です。「松」は、その名のとおり「待つ」。つらいこと、苦しいことがあっても、「これも、神様の導きなんだ」と思って、しかるべきタイミングまで待つことです。

すると、竹が成長していく中で節《ふし》ができるように、あるときターニングポイントが訪れます。それが「竹」の段階です。そして最後に、後進《こうしん》を育てたり、世の中に貢献する仕事を産み出せる、「梅（産め）」になるのです。

人生には、春の季節もあれば、冬の季節もあります。鳴かず飛ばずの冬の時期があっても、じっと待ち、竹のように成長して、いつかは梅の花を咲かせましょう。

### 神秘十字線を発揮するためのポイント

**“「信じる力」で逆境を乗り越える”**

特徴的な手相

# 霊的パワーを感じる仏眼相

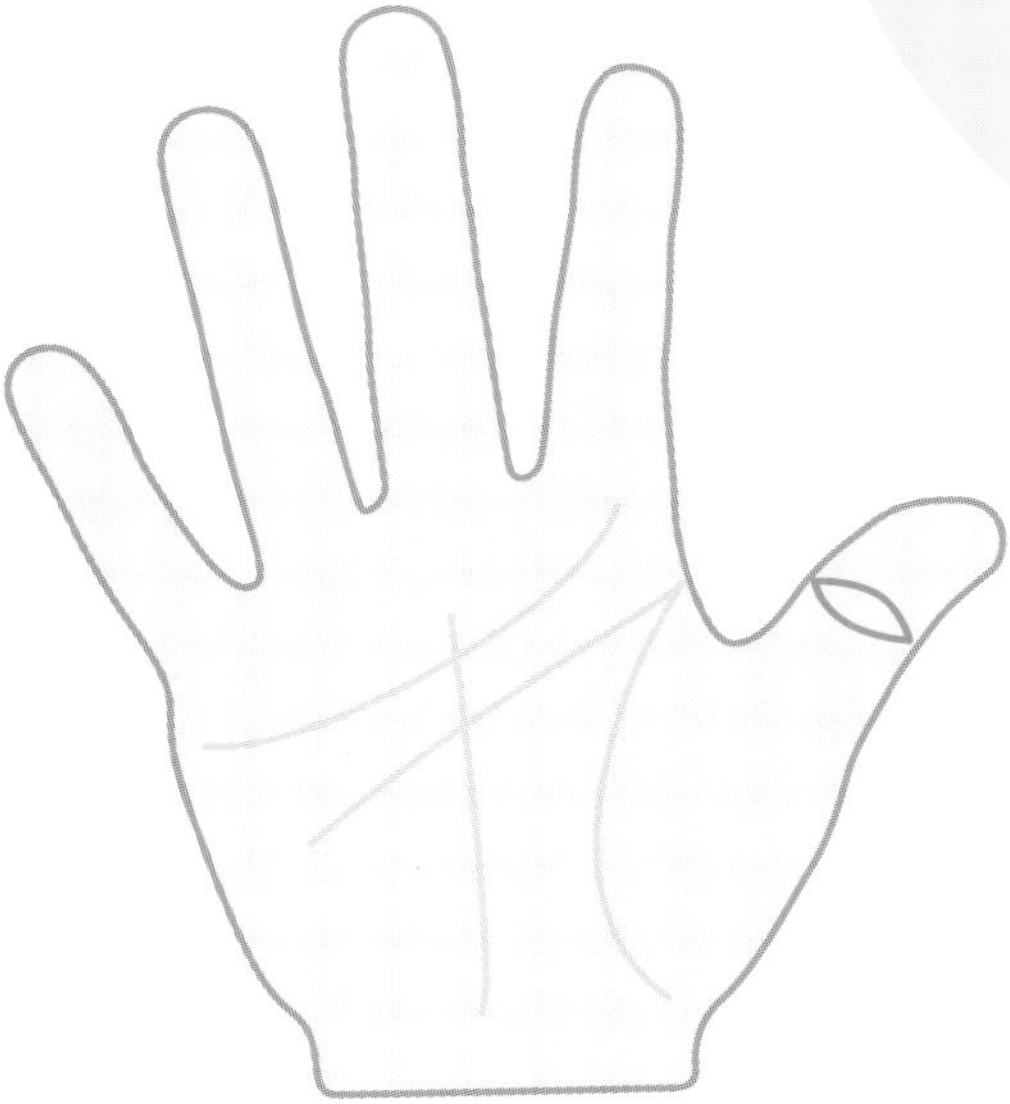

## 目に見えないものを〝観《み》る〟力がある

仏眼《ぶつがん》は、親指の第一関節に現れる手相で、眼のような形をしています。真ん中が膨らんでいるような楕円《だえん》形をしていて、仏像の瞳に似ているので、この名前がつきました。

一般的には、この手相がある人は、直感力や霊感があり、見えない存在に護られているといわれます。

では、仏眼の本質とはなんでしょうか？　親指の第一関節は「慈悲」を、第二関節は「知恵」を意味します。つまり仏眼は、「慈悲と知恵を兼ね備えた眼」ということです。人の幸せを祈り、誰かの役に立とうとしたときに、本当の知恵は降りてくるのです。

## この線を持っている人が開運する生き方

親指は、親が子に向けるような「愛・真心」を表します。その親指に仏の眼があるということは、愛や真心を持って、どれだけ目の前の人を「みる」ことができるか、が問われているのです。「みる」には、見る、視る、診る、看る、観る……さまざまな漢字がありますが、実はそれぞれに意味が異なっています。

「見る」は、視覚でものをとらえること。「視る」は「視察」や「注視」という言葉のとおり、じっと見るという意味。「診る」は「診察する」「脈を診る」のように、病気や健康状態を調べる意味で使います。「看る」は、「看病」や「看護」というように、世話をすることを表します。

そして、仏眼で使われる「みる」は、「観る」という漢字です。これは、心の眼でみること。目に見えない、その人の思いや感情、心の動きなどを感じることです。それができるのが、観音様です。

観音様は、目に見えない「音」を「観」ているともいえます。自分のことのように相手を思いやったとき。慈愛の心で、相手を「観」続けたとき。相手の言葉にならない気持ちや思いを受け取り、知恵やインスピレーションが降りてくるのです。

### 仏眼相を発揮するためのポイント

“愛と真心《まごころ》の眼で、知恵を降ろす”

特徴的な手相

# 出会いがわかる恋愛線・結婚線（金星丘）

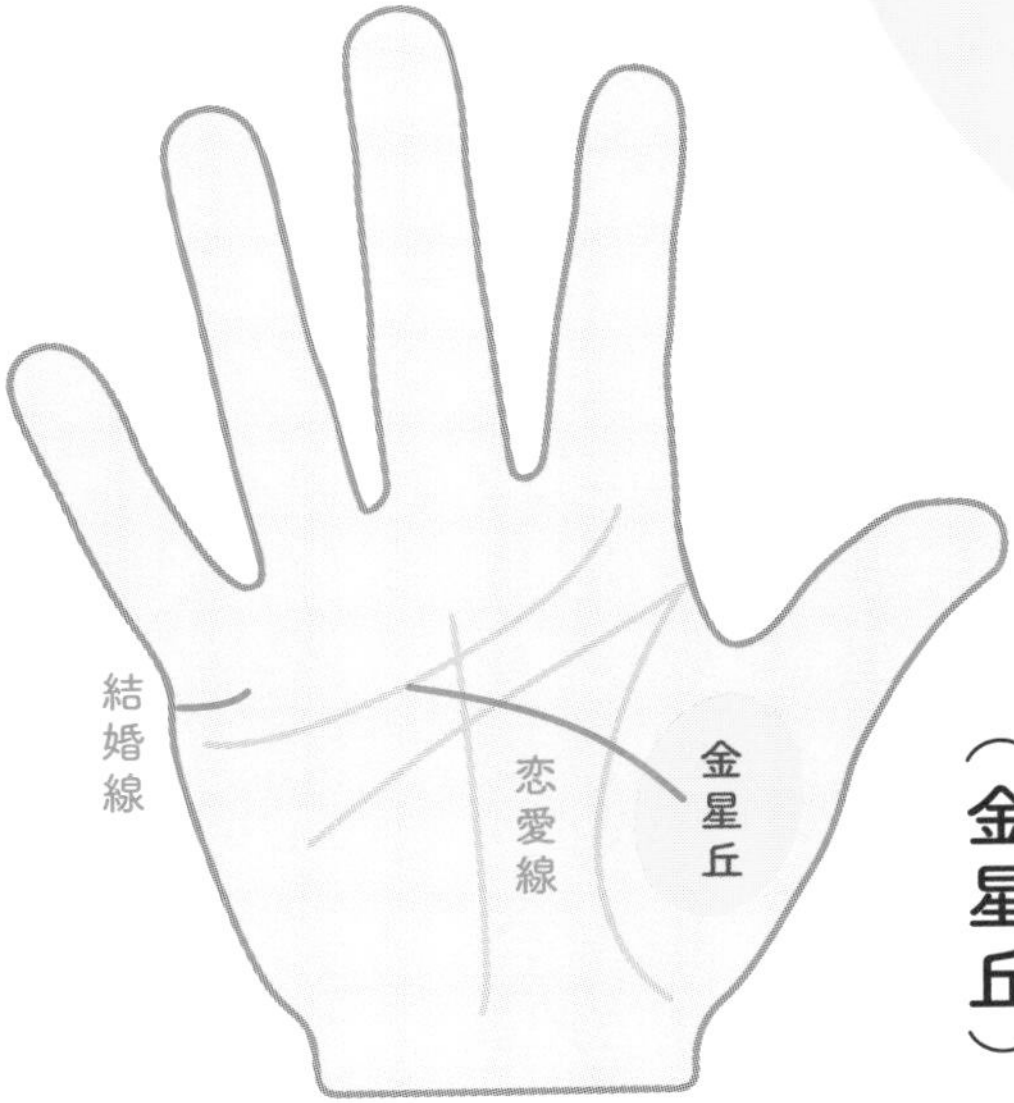


## 金星丘のエネルギーが現れる恋愛線・結婚線

感情線から金星丘に向かって伸びている線が恋愛線、そして小指の付け根から感情線の間に出る線が、結婚線です。結婚線はさまざまな丘に伸びることがありますが、恋愛線と同じく、エネルギー的には「金星丘」にあたります。

恋愛線・結婚線は、その名のとおり「恋愛・結婚の時期がわかる」といわれますが、それだけではありません。本質は「大切な人と出会う」ということ。それは、恋人とは限りません。

結婚相手がほしいのか。仕事仲間がほしいのか。親友がほしいのか。人生の師がほしいのか。あなたの持つ意志によって、ご縁のエネルギーが振り分けられるのです。

## この線を持っている人が開運する生き方

恋愛線・結婚線は、感情線を通って生命線を横切り、金星丘に到達しますが、実はこれは、恋愛の真髄を表しています。一時的な「好き」という感情（＝感情線）で終わるのではなく、生き方（＝生命線）に関わる「愛」（＝金星丘）まで昇華していく、ということです。

感情線が生命線に結びつくということは、感情のエネルギーがそのまま生き方につながることを意味します。これはほとんど、「恋愛」になります。

そもそも人の恋愛感情は、3年で冷めるようにプログラムされています。相手の欠点や短所、自分の期待とは違う面を見たときに、サアッと一気に熱が引いてしまった。そんな経験がある人は多いでしょう。対して、「愛」は違います。「愛」は、自分の好みやタイプを超えて、その人の良い部分も悪い部分も、すべてを受け止めること。そして、どんなときも共に生きる覚悟を決めることです。

人は、誰かと「出会う」ために生まれてきています。あなたが人を選ばずに、分け隔《へだ》てのない愛情を注いだとき、ご縁のある人と出会うべくして出会う。それが、恋愛線・結婚線の真の意味です。

### 恋愛線・結婚線を発揮するためのポイント

“「恋」を「愛」に変えていく”

特徴的な手相

# 目をかけられる寵愛線・引き立て線（月丘）

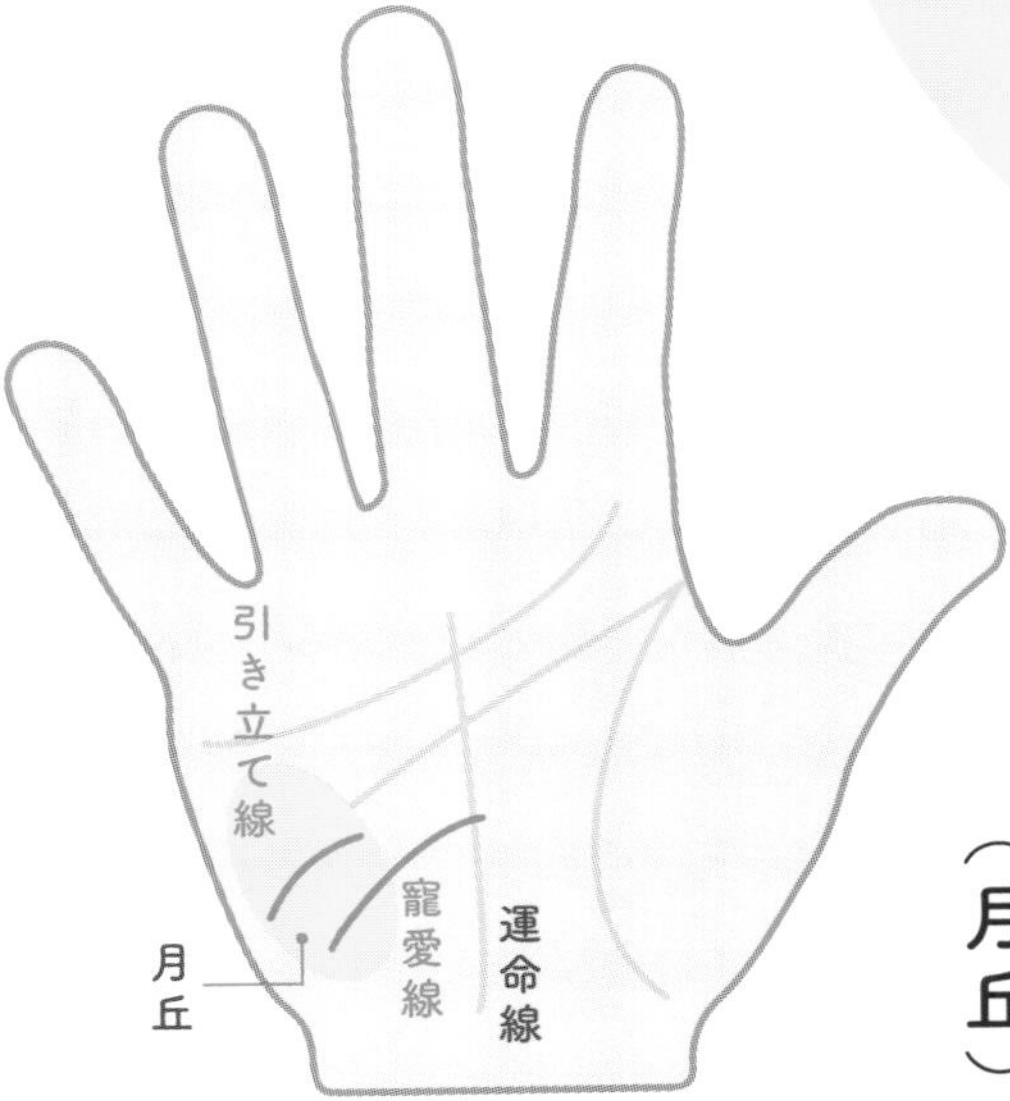


## 月丘のエネルギーが現れる寵愛線と引き立て線

月丘のエネルギーが線として現れたものが、寵愛線と引き立て線です。寵愛線は、月丘から運命線に届く線のこと。運命線に届かない場合は、引き立て線になります。

寵愛線を持つ人は、愛嬌《あいきょう》・ユーモアがあり、人の気持ちを察するのに長けています。目上の人や仲間、友人、後輩など、多くの人から可愛がられる、人気者の手相です。困ったときには、どこからともなく助け舟が出てくる、運のいい人です。

引き立て線も、寵愛線とまではいかないものの、他人から引き立てられて、運が開けていきます。

## この線を持っている人が開運する生き方

他力に恵まれるとされる寵愛線が月丘に現れるのは、月の性質に由来します。月が輝いているように見えるのは、月そのものが光っているのではなく、太陽の光を受けているからです。周りから照らされることで輝くため、月丘は他力を意味します。

寵愛線、引き立て線を生かすには、人から好かれるように振る舞うこと、つまり〝愛され上手〟になることです。これは決して、周りに媚びろといっているのではありません。人は、自分一人の力で成功するのは難しいもの。必ず、誰かの助けが必要です。そのために、どのようにしたら周りが気持ちよく動いてくれるか、力を貸してくれるかを考えるのです。

教わったことは、素直に実践する。いつも明るく、前向きで、発展的に物事を考える。人からの好意は、遠慮するのではなく感謝して受け取る。一人でできないこと、助けてほしいことがあったら、スネたりせずに、素直に助けを求める。周りの支えによって生きているのだと気づき、自分も周りを助けていく。

すると、「この人はなんだか応援したくなるな」と、周りから可愛がられて、運が味方をしてくれるのです。

### 寵愛線・引き立て線を発揮するためのポイント

**“人を助けることで、自分も助けられる”**

特徴的な手相

# 型破りなぶっとび線（火星丘）

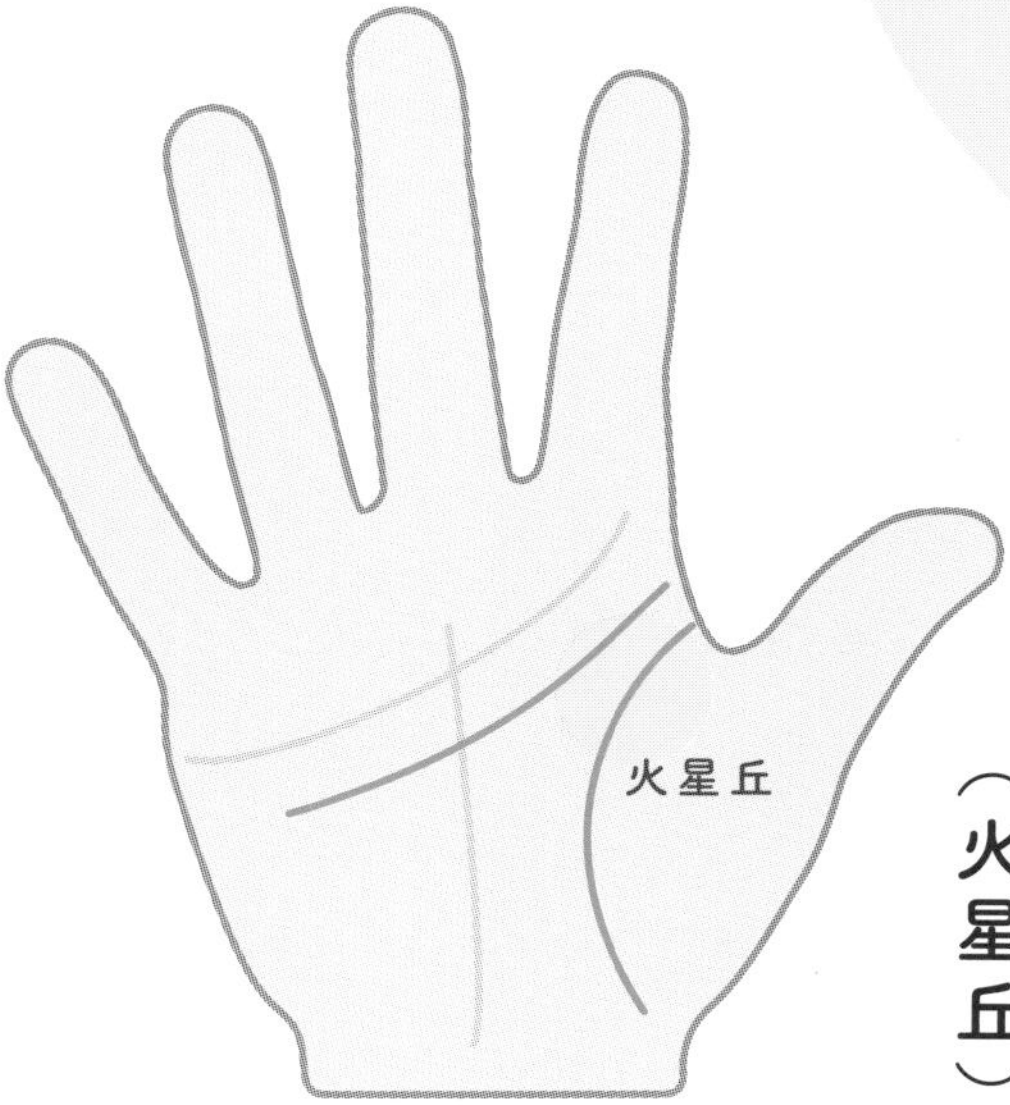


## 火星丘のエネルギーが現れるぶっとび線

生命線と知能線が離れている手相のことを、ぶっとび線といいます。KY線、離れ型の手相と呼ぶことも。世間の当たり前に縛られない、ぶっとんだ発想や行動力があります。

その秘密は、線の位置です。本来、知能線は生命線と同じ場所から始まります。これは、生きてきた中で培った知識や経験が、その人の考え方に反映されているということです。ところが、ぶっとび線は知能線が生命線から離れているので、人生経験にとらわれない、ダイナミックな生き方ができるのです。

この手相は、「闘争・行動力」を意味する火星丘のエネルギーを受けています。

## この線を持っている人が開運する生き方

度胸があり、怖いもの知らず。基本的に「なんとかなる」と思っていて、失敗してもケロッとしている人が多いのは、火星丘のパワーである闘争心があるから。簡単にはへこたれないガッツとタフネスがあります。

この手相の人は、常識に当てはめたときに、「変わり者」「大胆な人」と思われることが多いでしょう。普通では理解できない行動をして、ときには煙たがられることも。ですが、そこで折れてはいけません。

ぶっとび線を持つ人が周りに合わせてしまうと、自分の中の「こうしたい（＝want to）」と、周りからの「こうすべき（＝have to）」との折り合いがつかなくなり、葛藤を抱えてしまいます。そうなると、とたんにぶっ飛び線の良さである、アグレッシブさや柔軟性がなくなってしまいます。「周りと同じ」でなくていいのです。KYといわれようと、それで結構。ただし、単に非常識で迷惑な人になってしまうと、生きづらくなります。開運するには理解者も必要です。いちおう、常識はある程度、知っておきましょう。知った上で、とらわれない。知っているけど、あえて破る。これができるようになると、個性が生かされ、最高にぶっとんだおもしろい人生になります。

## ぶっとび線を発揮するためのポイント

“空気にのまれず
常識を超えて生きる”

特徴的な手相

# 商売上手な財運線（水星丘）

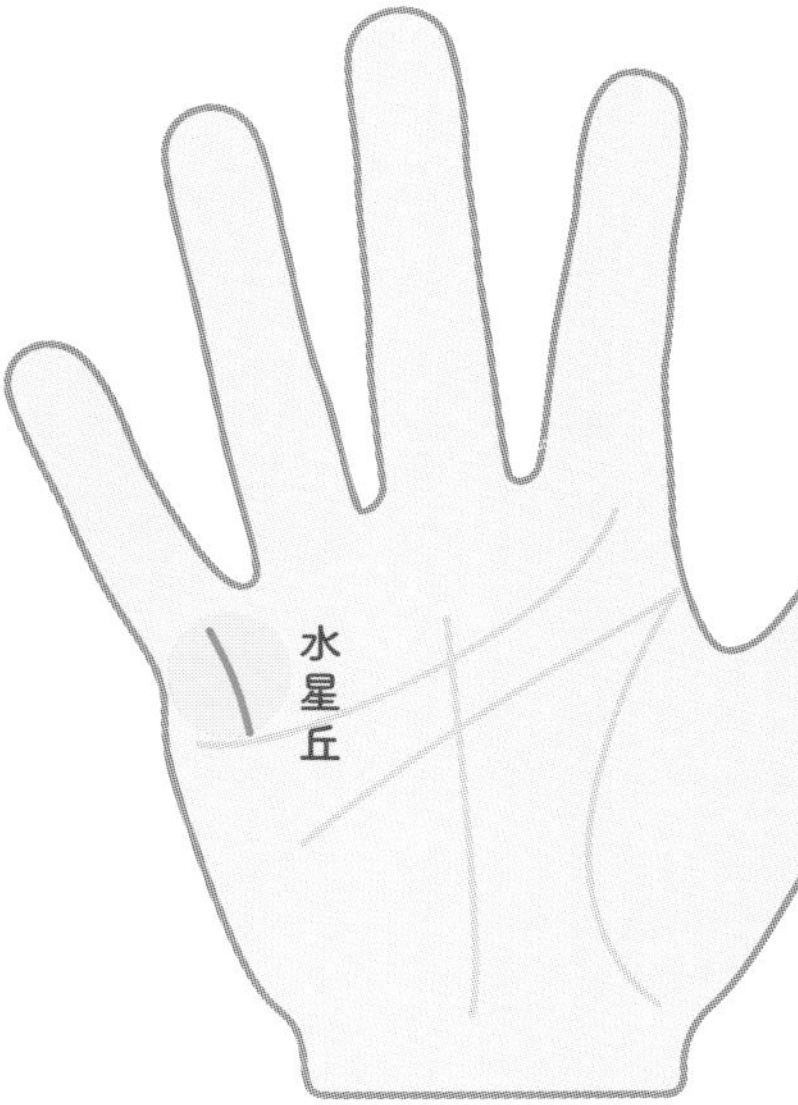


## 水星丘のエネルギーが現れる、財運線

小指の付け根に向かって伸びるタテ線が、財運線です。この線は、金運やお金とのご縁を表します。事業に成功したビジネスマンや、資産家に多い手相といわれていますが、それだけではありません。

財運線は水星丘に現れるため、水星丘の特徴である知恵・知識、表現力、社交性、循環、ビジネスセンスなど、実はさまざまな意味合いがあります。一般的にいわれている財運線は、その中の一部を取り出しているのです。

ですので、財運線の良さを引き出すためには、水星丘の本質を知る必要があります。それが、Ｐ94～95でもお伝えした、水星丘の神様の名前に示されています。

## この線を持っている人が開運する生き方

水星丘の神様は、「弁」と「財」を司る弁財天（ギリシャ神話ではヘルメス神）。

もともとは、川のせせらぎのように美しい弁舌や音楽の神であり、商売の神です。「弁財天」という名前は、一般的に「財を弁ずる（＝資金を取りはからう）」ことを意味するといわれています。しかし本当は、己の表現力を磨いたり、コミュニケーション力を高めたりしていく、つまり「弁」を立たせることで、「財」につながるというのが真髄です。

さらに占いにおいて「水」とは、真理を探究するエネルギーを表します。財運線も水星丘のエネルギーを受けるため、「弁」に加えて、自分の専門分野や興味のある領域を勉強して、知恵を磨くことが必要なのです。

また、財運線は、水が流れるように財を回転させるからこそ、お金が入ってくることも表しています。お金は、使うからこそ循環するのです。勉強や習い事など、自己を高めるために使ったり、社会を良くしようとしている会社や人に投資をしたりするなど、貯めすぎずにお金を循環させることで、より財運線が発揮されるでしょう。

## 財運線を発揮するためのポイント

“水のように
お金や知恵を循環させる”

特徴的な手相

# リーダー気質なソロモンの環《わ》（木星丘）

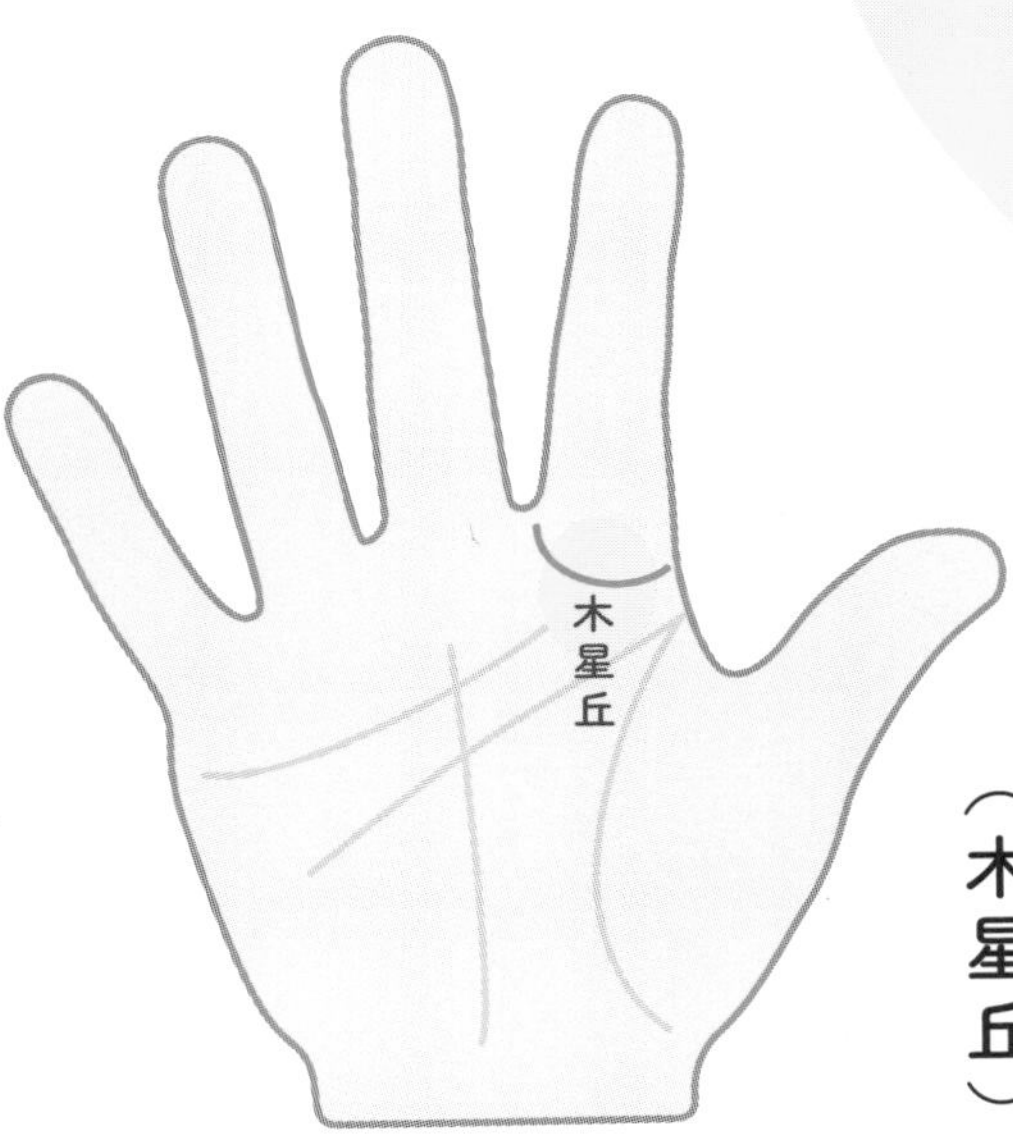


## 木星丘のエネルギーが現れるソロモンの環

人差し指の付け根から、木星丘の上に現れるわっかのような線が「ソロモンの環」です。

名前の由来は、古代イスラエルの王様・ソロモンから。知恵で国を統治し、イスラエルを繁栄させたという伝説が、『聖書』に残っています。ソロモン王は、人差し指に知恵の指輪をつけていたことから、この手相が「ソロモンの環」と呼ばれることになりました。

優れた直感や洞察力があり、周りを引っ張っていくリーダーシップがあるといわれますが、それは木星が与えてくれている力なのです。つまり、木星丘のエネルギーを強く受けていると、この手相が現れるようになります。

## この線を持っている人が開運する生き方

ソロモンがつけていた指輪は、大天使ミカエルから授けられたもの。その力によって、ソロモンは数多の天使と悪魔を使役し、動物や植物の声を聞くことができたそうです。

およそ、人間とは思えない偉業を成し得ることができたのは、ソロモンに高い志があったからです。ゆえに、悪魔にやられず、逆に従えることができました。

志とは、夢や目標など、いわゆる自己実現と呼ばれるものとは違います。自己実現は、「あの大学に入りたい」「あの人と結婚したい」「もっと出世をしたい」といったように、それを達成することがゴールになります。

けれど志というのは、「自分がこれを叶えたい」ではなく、「世のため、人のため」に立てるものです。そして、達成したから終わり、というものでもありません。一生涯かけても辿り着けない、高い理想を追い求め続けるということです。例えば、「最高にいい男になりたい」「女神のような女性になりたい」「この世の中を、もっと良くしたい」には、ゴールがありません。ぶっとんだ志を持ち、そこを目指し続けることで、ソロモンの環の力は、より発揮されるでしょう。

## ソロモンの環を発揮するためのポイント

“高い志を持つ”

特徴的な手相

# 人気者な太陽線（太陽丘）

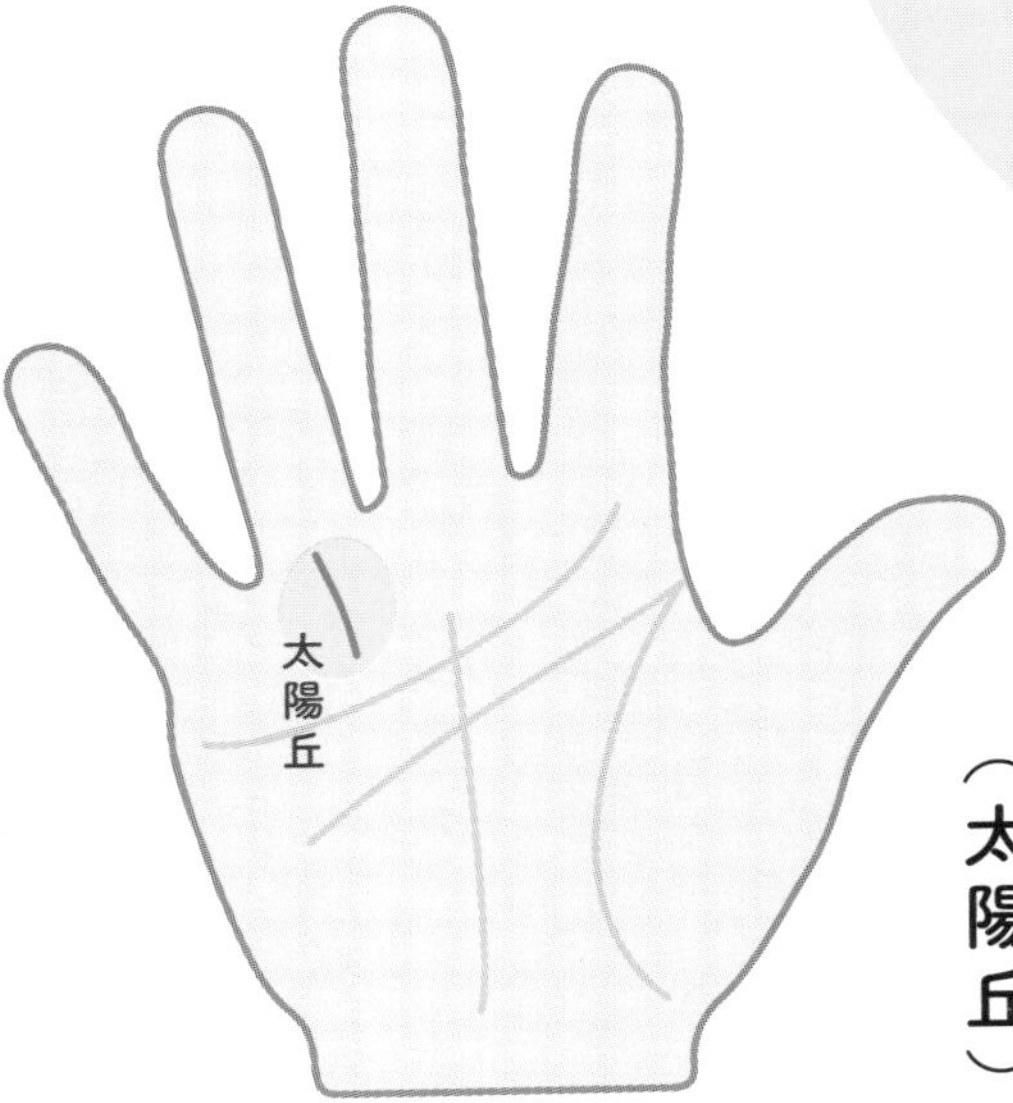


## 太陽丘のエネルギーが現れる太陽線

太陽線は、薬指の付け根から下にある、太陽丘に向かってタテに走る線のこと。この線がある人は、陽気で明るく、人からの注目を自然と集めるタイプです。ほかにも、成功や名誉、金運などにもつながることから、幸運の線といわれています。

これらのプラスの意味合いは、太陽からきています。太陽は、地球も含めた太陽系の中心にあり、それが「人の輪に囲まれる人気者」という性質につながっています。

太陽線があるから幸運なのではなくて、明るくふるまい、幸せな生き方をしているから、自然と太陽線が出てくるのです。

## この線を持っている人が開運する生き方

人の身体は、食べもので作られています。では、心は何で作られているでしょう。それは、「思ったこと、考えたこと」です。「これまでもうまくいかなかったから、この先もダメに違いない」と、自信が持てない原因は、〝思ったこと〟であって、真実ではないのです。つまり、〝思い込み〟です。思い込みが、今の心を作っているわけですから、開運するには、運がいい人の考え方を身につけることです。

まずは、理屈抜きに、「自分は運がいい」「わたしは素晴らしい人間だ」と信じること。多くの人は、幸せな未来が訪れたり、成功するためには、何か裏付けや条件が必要だと思っています。しかし、幸せになる人は、その逆です。「自分の未来は、必ず良くなる」と確信を持っているから、幸せになるのです。すると、どんなピンチ、試練、逆境にあっても、必ず乗り越えられます。

自分の可能性にフタをせず、どこまでも挑戦し続けることで、まさに太陽のように魅力のある人間に成長していくのです。

### 太陽線を発揮するためのポイント

“理屈抜きに「運がいい」と信じる”

特徴的な手相

# 魅力がある モテ線

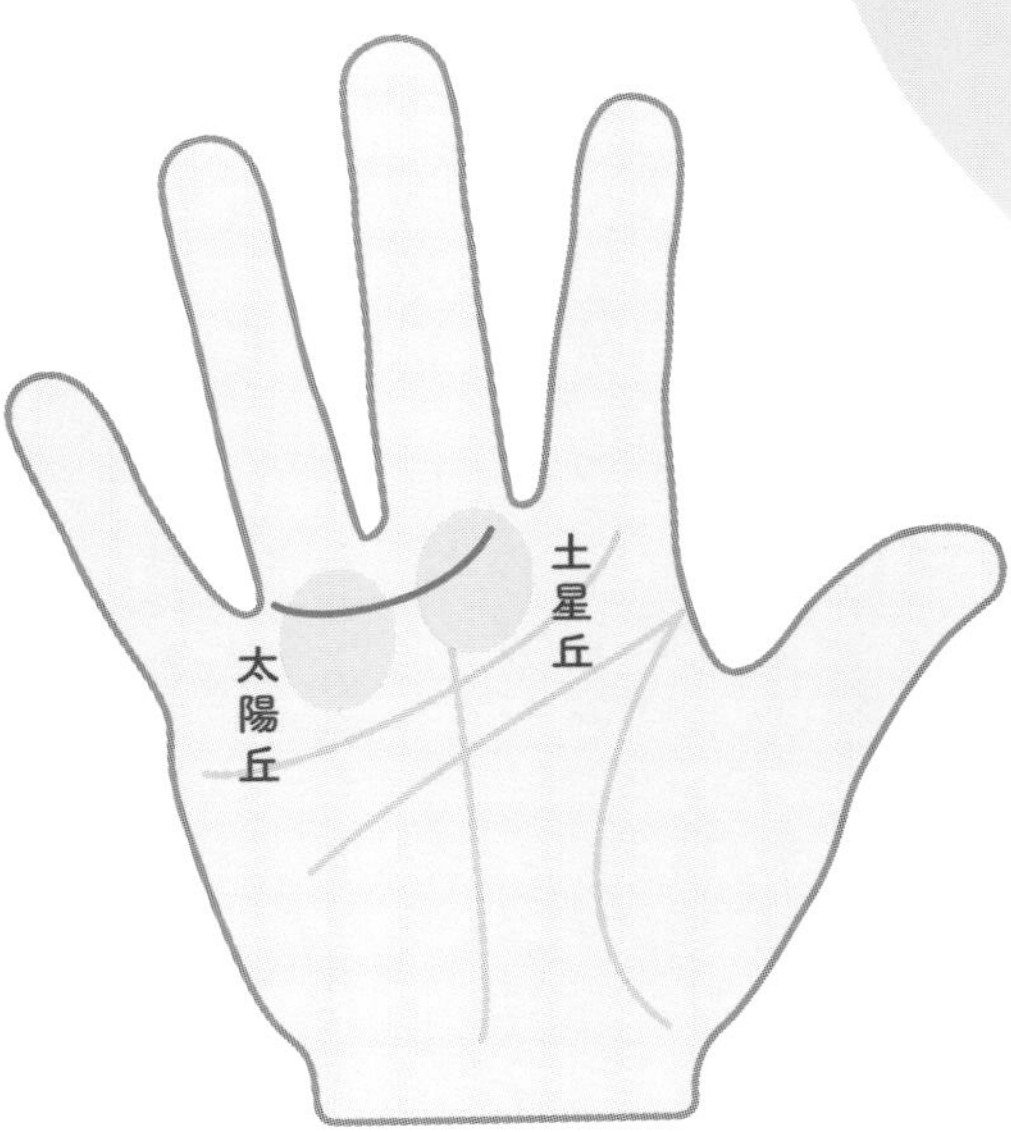


## 太陽丘と土星丘のエネルギーが現れるモテ線

モテ線は、中指と薬指のつけ根にある太陽丘と土星丘を取り囲むように、弧を描く線のこと。太陽がもたらす明るさと、土星がもたらす忍耐力を兼ね備えている証です。表向きには華があるけれど、実は陰《かげ》でコツコツ努力している。その姿が魅力につながりやすいため、異性にモテる人に多い手相だといわれています。

この線がある人は、芸術的で感受性が豊か。色気のある表現、言葉づかい、しぐさが自然とできてしまうので、男女ともにどことなくセクシーな雰囲気をもちます。まわりの人の注目を集めやすいので、タレント、役者、インフルエンサーなど、人前に出る仕事に適性があります。

## この線を持っている人が開運する生き方

この線を持つ人が開運するには、自分の魅《み》せ方について深めていくことが大切です。そのために、「周りを惹きつける人とは、どんな人か?」「魅力的な人は、どんな人生を送るのだろうか?」と、本質的な問いをもちましょう。

〝魅せる〟とは、ただ外見を整えるだけではありません。内面を豊かにするということです。

そのために、まず感性を養うこと。昔から読み継がれてきた良書を読む。質のいい音楽を聴く。名作といわれる芸術を味わう。美術館や博物館で歴史や文化に触れる。旅をする。

そのようにして美意識を高めていると、生活が美しくなります。日常における言葉やふるまいも、魅力的になるのです。

そして、内外ともに魅力的だと感じる人を見つけましょう。人に惚《ほ》れられようと思ったら、まずは自分が誰かに惚れることです。「かっこいい!」「この人みたいになりたい!」という〝惚れパワー〟は、どこまでもあなたの人間力を高めていくでしょう。

### モテ線を発揮するためのポイント

“生活の中に美意識を持つ”

COLUMN

今までに見た印象的な手相①

## 元ギャングから更生した方の手相

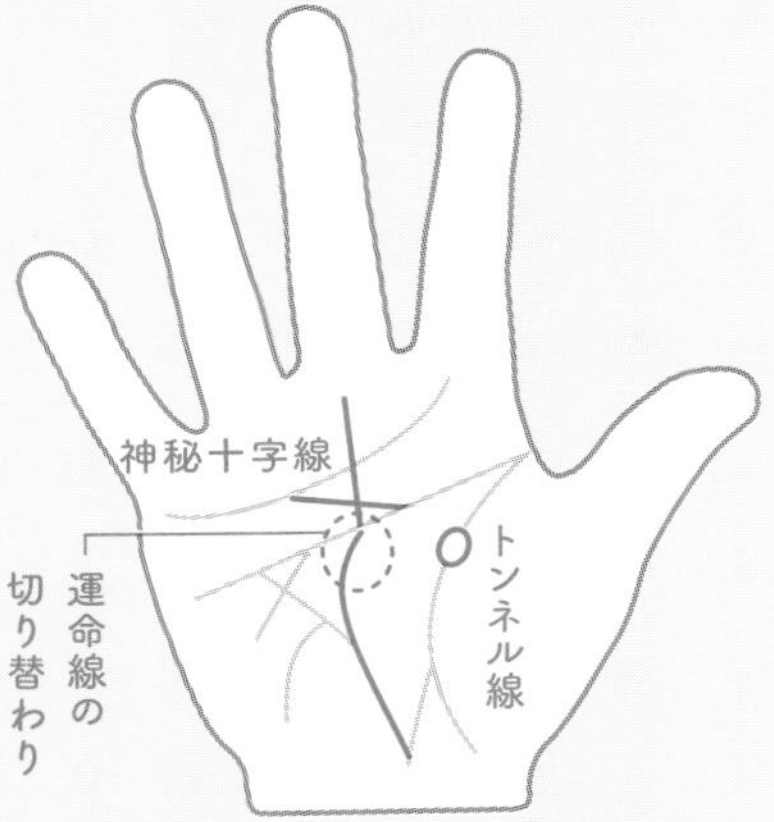


元ギャングの方の手相です。10代から非行続きで、とうとう17歳には警察のお世話に。20代には、夜の世界に足を踏み入れるも、信じていた人に裏切られ、借金まみれに。手相を見ると、21 ～ 25歳ごろでトンネル線が出ています。それを機に生き方を改め、ついに裏社会から足を洗って起業。数年後、借金を返済して経済的にも豊かになりましたが、心を許せる人がいない孤独が続きます。

そんな中、自分と本気で向き合ってくれる恩人との出会いが。手相でも、その時期に運命線が切り替わり、特別な出会いがあると出ていました。奇跡的な出会いから信仰心が芽生え、その意識が神秘十字線となっています。

COLUMN

今までに見た印象的な手相②

## 大学院在学中に、年商2億円を稼いだ方の手相

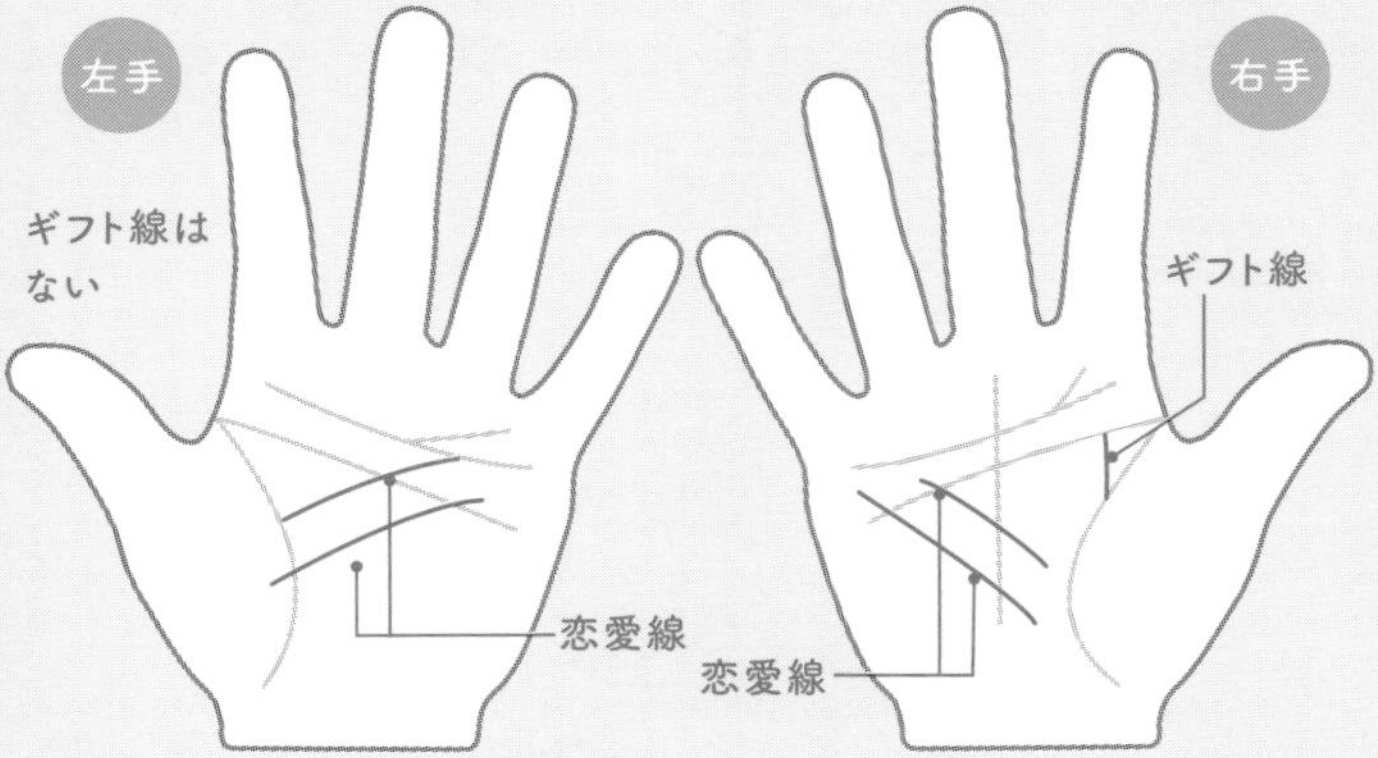


京都大学の大学院に在学しながら、インターネットビジネスを立ち上げ、年商2億円を稼いだ方の手相です。

大成功しているようですが、左手には若い頃から成功するという線は、とくに出ていません。それよりも、ハッキリと現れている恋愛線の方が、目を引きます。

なぜかというと、好きなことをやっていたら、勝手に成功していたから。つまり、本人に「成功している」という意識がないからです。興味を持って勉強したことを発信したり、自分が好きなものや関心のある人を紹介したら、結果的に収益につながっていたのです。「好き」という感情を表す恋愛線が、恋愛ではなくビジネスでの成功に使われたのですね。

## 手を見ることで心の架け橋をつくる

ここまで、手を通して自分と対話をする方法をお伝えしてきました。丘や線、手のひらの様子を見ることで、今のあなたに必要なメッセージを受け取ることができる、というお話でした。

さらに自己対話を深めるためにおすすめなのが、周りの方の手を見てみる、ということです。ずっと自分の手を眺めるのもよいのですが、他の方の手と比べることで「わたしの手って、指が長い方だったんだ」「自分では線が少ないと思っていたけど、意外と多い方だったんだ」と違いに気づくことができます。

さらに、手には、それぞれの性格や傾向、テーマ（課題）がウツっていますから、手を見ることで、他者への理解も深まります。

相手の手に触れるのには、もう一つの意味があります。それが、〝触覚〟によるコミュニケーションのきっかけになるということです。

2020年のコロナ禍から、世界は一変しました。

コロナ禍はもう終わったのに、人とのやりとりはSNSが主流に。会議もオンラインになり、マスクをつけて、お互いの顔が見えないまま会話する。デジタル化も急速に進み、今後はメタバースやVRなど、仮想空間で過ごす人々も出てくるでしょう。そうなると、人と人との触れ合いが少なくなり、「リアル」での関わりはますます減っていきます。

その結果、人との触れ合い方がわからない人が増えています。相手との〝距離感〟が掴《つか》めないのです。もっといえば、精神疾患を患う方が、これだけ増えているのも、日常で〝触覚〟を使っていないことが大きな要因です。

そこで、手相の出番です。相手の手にふれると、ダイレクトに触覚を使うことができます。手を使ったコミュニケーションには、不思議な力があるのです。

本来、人は言葉以上に、目に見えないものをキャッチして意思疎通ができていました。初めて話す相手とは握手をしたり、応援するとき「頑張ってね！」と手を握ったりしますよね。そうすることで自然と相手の心が開かれ、お互いの気持ちが通じやすくなります。手と手の会話が、心の架け橋となるのです。

## 手相を見る注意点

最後に、一つだけ注意していただきたいことがあります。

それは、〝相手の手相を見るときに、一方的に決めつけるようなアドバイスをしない〟ことです。もちろん、「あなたは○○丘がふくらんでいるから、こういう傾向があるんだね」と、線や丘の話をしていただくことが、悪いわけではありません。

ただ、

「結婚線があるから、30代くらいには結婚できそうだよ」

「健康線があるから、病気には気をつけてね」

「財運線があるから、大金持ちになるね」

などと、吉凶をつけたり、未来を当てるようなことは、どうか避けてください。

(本書にも書きましたが、わたしもそれで過去に痛い思いをしました)

占いは、簡単に人の人生を左右してしまいます。占い鑑定でも、何十年も前に占い師からいわれた未来が、今も気になってしまう、と話される方がいらっしゃいます。

それぐらい影響力があるのです。

「他人をコントロールしたい」「相手のマウントを取りたい」といった意識が少しでもあると、ついつい、その下心を叶えるために手相を使ってしまうので要注意です。

手相占いは、あくまで自分を知るため、相手を深く理解するための一つのツールに過ぎません。その前提をふまえて、周りの人とのご縁を深めるために、本書をご活用いただけたら幸いです。

もし、深く興味を持たれた方がいらっしゃれば、本書をご紹介いただけたら嬉しいです。

そして、人の手相を見る時は、もとから気の合う相手だけでなく、ぜひ、あなたが苦手とする人、気が合わない人、わかり合えない人の手相も積極的に見てみていただきたいのです。手相を通してコミュニケーションすることで、その相手の印象がガラッと変わるかもしれません。それは、あなた自身の大きな開運につながります。

## おわりに

世の中に〝絶対〟なんてありません。

500年前、地球は〝止まっている〟と、誰もが信じて疑いませんでした。

「まさか、大地が動くはずがない。動いているのは空に浮かぶ星たちだ。その証拠に、重力は、地球上、どこにいっても下に向かって働くだろ？」

それは、この地球が、全宇宙の〝底〟だからだ、と考えられていたからです。

地球が〝底〟だとするなら、そこに住むわたしたち人間も、〝底辺〟の存在。天にきらめく星々には、決して手が届かない存在。人間は、神様から遠い、ちっぽけな存在なんだ。そんな価値観が生まれていきました。

ところが、その常識は覆《くつがえ》されたのです。時代を変えたのは、異端視《いたんし》されることを恐れなかった、稀代《きだい》の研究者たち。彼らは、固定概念、常識、偏見、先入観、規則《ルール》、に縛《しば》られなかった。だから、新たな〝視点〟を見つけることができたのです。

これが世にいう、「天動説」から「地動説」への、コペルニクス的転回です。

この2つの説は、どちらか一方だけが、正しいのではありません。単に〝視点〟の違いです。

〝視点〟が変わると、見える景色も180度、変わるのです。

人生にも、そのまま、同じことがいえるでしょう。


わたしが本書で目指した手相のゴールは、「天動説」の、その先です。


本書で、手相は、太陽、月、水星、金星、火星、木星、土星……といった、太陽系惑星のエネルギーを受け取るアンテナだとお伝えしましたね。一番下の地丘(地球)からスタートして、すべてのテーマを超えていくことが、成長の道しるべなのだと。

では、その成長の先にある、手相のゴールは?

太陽系を突き抜けて、〝宇宙視点〟を手に入れることです。

宇宙空間には、重力がありません。中心もありません。だから、上も、下も、ありません。

ところが人間は、普段重力に引っ張られているので、常に〝上下意識〟にとらわれてしまいます。

キラキラ輝いている人がいたら、自分がちっぽけに思えて凹《へこ》むとか。

失敗して、落ちるのが怖いから、周りの目をずっと気にしているとか。

他人の不幸を見て、ほくそ笑んでしまうとか。

ぜんぶ、上下意識です。これが、いかに人生の可能性を狭め、幸せを遠ざけていることか……。正直、巷《ちまた》の手相占いは、何かにつけて〝上下意識〟を植えつけるものばかりです。だから本書では、その占いの歴史を覆したかったのです。

宇宙視点で見れば、絶対的な上下も、勝ち負けも、善悪も、ありません。

昨日までの凶が、今日は吉になることだって、あり得ます。

地獄で仏に会う、という言葉のとおり、闇の中でしか見えない光もあるのです。

地獄も、案外、悪くないかもな。あのときの、悲しみや、悔しさ、さみしさ、があったからこそ、自分は這《は》い上がれたし、強くもなれた。

そう思えるのが、人生におけるコペルニクス的転回です。

そりゃあ、不運より幸運がいいし、悲しいことより、嬉しいことばかり起きてほしい。そう願いたくなるのが、人の素直な気持ちでしょう。

でも、よくよく考えてみていただきたいのです。

運がいいだけの人生って、果たして〝幸せ〟でしょうか？

それはいい換えると、薄っぺらな人生、ぬるま湯の人生、おもしろみのない人生、にもなりかねないでしょう。だから、最後に一つ、偉そうなことをいわせてください。

一度きりの人生、どうせなら、濃く、熱く、おもしろく、生きてみませんか？

失敗したっていい。失敗の多い人ほど、成功もまた大きいものです。

嫌われたっていい。誰からも嫌われない人は、誰からも愛されない。

そうして、あなたが経験した、嬉しい、楽しい、悲しい、悔しい……は、ぜんぶ手相に現れます。地獄の二度や、三度くらい、平気で超えてきましたよ。そういう人の手は、とても味わい深く、やさしく、あたたかい、相を描きます。

どうか本書をとおして、ご自身の手を愛していただけますように。

自らの手を愛せたとき、自らの運命まるごと、愛することができますから。

北極流占い師　相原康人

[制作スタッフ]

[装丁/本文デザイン]　赤松由香里(MdN Design)
[ライター]　川嶋政輝
[校正]　ぷれす
[編集長]　山口康夫
[担当編集]　森　公子

1日10秒手を見るだけ **神様とつながる手相**

2024年2月21日　初版第1刷発行

[著者]　相原康人
[発行人]　山口康夫
[発行]　株式会社エムディエヌコーポレーション
〒101-0051　東京都千代田区神田神保町一丁目105番地
https://books.MdN.co.jp/
[発売]　株式会社インプレス
〒101-0051　東京都千代田区神田神保町一丁目105番地
[印刷・製本]　シナノ書籍印刷株式会社

Printed in Japan


【カスタマーセンター】
造本には万全を期しておりますが、万一、落丁・乱丁などがございましたら、送料小社負担にてお取り替えいたします。お手数ですが、カスタマーセンターまでご返送ください。

落丁・乱丁本などのご返送先
〒101-0051　東京都千代田区神田神保町一丁目105番地
株式会社エムディエヌコーポレーション カスタマーセンター
TEL:03-4334-2915

内容に関するお問い合わせ先
info@MdN.co.jp

書店・販売店のご注文受付
株式会社インプレス　受注センター
TEL:048-449-8040／FAX:048-449-8041

ISBN978-4-295-20620-0